Kako postati novac

Radna knjiga

ACCESS CONSCIOUSNESS®

"Sve nam u životu dolazi s lakoćom, radošću i slavljem!™"

s Garyjem M. Douglasom

Sadržaj

Uvod

Gary Douglas (osnivač Access Consciousnessa®) izvorno je kanalizirao ovu informaciju od bića imena Raz. Gary više ne kanalizira. Ovo je prijepis tečaja uživo.

Access vas osnažuje kako biste znali to što znate. Govori o svjesnosti. Vi ste ti koji znate što je za vas dobro.

Molim vas da ovu knjigu koristite za facilitiranje luđačkih i ograničenih gledišta koje ste oko novca stvorili te za stvaranje više lakoće u svom životu i življenju s puno više novca i priljeva valuta.

Posjetite našu web stranicu za više informacija o Access Consciousnessu®, proizvodima i tečajevima o svim životnim temama – poslovanju, novcu, odnosima, seksu, čaroliji, tijelu i više. Činite i budite što god je potrebno da stvarate i generirate SVOJ život i življenje većim nego što ste ikad percipirali mogućim!

www.accessconsciousness.com

PRIJEPIS TEČAJA UŽIVO S GARYJEM DOUGLASOM DOK JE KANALIZIRAO BIĆE IMENA RAZ.

Gary: Ova radionica o novcu bit će za mene novo iskustvo. Ne znam kakva će vama biti. Pobrinite se da svi imate bilježnice, kemijske olovke ili olovke, što god ćete koristiti jer ćete večeras imati puno posla. Od naznaka koje mi je Raz dao, puno će se toga događati. Još će vas jednom zamoliti da dobrovoljno istupite i budete zrcalo za druge ljude ovdje. Dakle, ako s tim imate problem, pokrijte se dekom kako vas ne bi vidio jer će to od vas tražiti. I nemojte se sramiti ničega što se događa jer ustvari ovdje ne postoji osoba koja nema točno isti problem kao vi u jednom ili drugom obliku. Nije bitno imate li milijun dolara ili 50 centi, problemi s novcem su svakome teški. U redu? Pa krenimo.

Pitanja iz radne knjige

Večeras ćemo pričati o tome kako **BITI** novac. Vi jeste energija, bit ćete energija i bili ste energija. I novac je energija.

Kad večeras budete odgovarali na pitanja koja ćemo postaviti, budite u svjesnosti da se iskrenost vaših odgovora ne odnosi na ljude oko vas, već na vas. Svako gledište koje ste o novcu stvorili stvara ograničenja i parametre iz kojih ga primate.

Sve što vi stvarate, stvaraju i drugi. Budite potpuno iskreni sa sobom, inače ćete prevariti samo sebe; svi ostali će ionako znati vaše tajne.

Tražimo od vas da zapamtite da se tema kojom se bavimo ne smatra laganom, no trebala bi biti. Lagano je zabavno, to je šala, možete se smijati, sve je u redu. Pripremite se da budete prosvijetljena bića koja jeste.

Ako ovdje stvarno žudite za rezultatima, najbolje bi bilo da odgovorite na sva pitanja u ovom dijelu prije nego što prijeđete na sljedeće poglavlje.

Rasputin: Bok.

Sudionici: Dobra večer, Rasputine.

R: Kako ste? Dakle, ove ćemo večeri pričati o onome što je vašim srcima najdraže, a to je novac. I za svakog od vas novac nije problem koji mislite da jest, no mi ćemo s vama raditi kako bi vam u početku pomogli u učenju kako se s novcem nositi, ne kao situaciju iz-trenutka-u-trenutak, već kao dopuštanje obilja, što je istina onoga što vi jeste.

I počet ćemo. Postavljamo vam pitanje: što je novac? I vi zapišete tri odgovora što je novac za vas. Sad, nemojte zapisati što mislite da bi trebao biti, nemojte zapisati 'pravi' odgovor zato što on ne postoji. Dopustite svojim mislima da odlutaju i dopustite svojoj istini da bude odgovor na papiru. Dakle, tri stvari koje su za vas novac.

PRVO PITANJE: Što je novac?

1. odgovor:

_____

_____

_____

_____

_____

2. odgovor:

_____

_____

_____

3. odgovor:

_____

_____

_____

Dobro, svi spremni? Drugo pitanje je: što vam znači novac? Zapišite tri odgovora.

DRUGO PITANJE: Što vam znači novac?

1. odgovor: _____

_____

_____

_____

_____

2. odgovor: _____

_____

_____

_____

3. odgovor: _____

_____

_____

_____

TREĆE PITANJE: Koje tri emocije imate kad razmišljate o novcu?

1. odgovor: _____

_____

_____

_____

_____

2. odgovor: _____

_____

_____

_____

3. odgovor: _____

_____

_____

_____

Sljedeće pitanje, pitanje broj četiri: kako osjećate novac? Tri odgovora. Kako osjećate novac?

ČETVRTO PITANJE: Kako osjećate novac?

1. odgovor: _____

_____

_____

_____

_____

2. odgovor: _____

_____

_____

_____

3. odgovor: _____

_____

_____

_____

Sljedeće pitanje: kako vam izgleda novac?

PETO PITANJE: Kako vam izgleda novac?

1. odgovor:
_____
_____
_____
_____
_____

2. odgovor:
_____
_____
_____

3. odgovor:
_____
_____
_____

Svi spremni? Sljedeće pitanje: kakvog vam je novac okusa? Osjetite to u svojim ustima. Kakvog je okusa? Većina vas nije imala novac u svojim ustima otkada ste bili mala djeca pa to možete koristiti kao referentnu točku.

ŠESTO PITANJE: Kakvog vam je novac okusa?

1. odgovor:

_____

_____

_____

_____

2. odgovor:

_____

_____

_____

3. odgovor:

_____

_____

_____

_____

Sljedeće pitanje, svi spremni? Sljedeće pitanje je: kada vidite da novac dolazi prema vama, iz kojeg smjera osjećate da dolazi? S desne strane, s lijeva, odostraga, sprijeda, odozgo, odozdo, iz svih smjerova? Odakle vidite da dolazi?

SEDMO PITANJE: Kad vidite da novac dolazi prema vama, iz kojeg smjera osjećate da dolazi?

1. odgovor: _____
_____
_____
_____
_____

2. odgovor: _____
_____
_____
_____

3. odgovor: _____
_____
_____
_____

Dobro, sljedeće pitanje: u odnosu s novcem, osjećate li da imate više nego što trebate ili manje nego što trebate?

OSMO PITANJE: U odnosu s novcem, osjećate li da imate više nego što trebate ili manje nego što trebate?

1. odgovor:
_____
_____
_____
_____
_____

2. odgovor:
_____
_____
_____
_____

3. odgovor:
_____
_____
_____
_____

Sljedeće: u odnosu s novcem, kad zatvorite oči, koje je boje i koliko dimenzija ima?

DEVETO PITANJE: U odnosu s novcem, kad zatvorite oči, koje je boje i koliko dimenzija ima?

1. odgovor:
_____
_____
_____
_____
_____

2. odgovor:
_____
_____
_____
_____

3. odgovor:
_____
_____
_____

DESETO PITANJE: U odnosu s novcem, što je lakše, priljev ili odljev?

1. odgovor:

_____

_____

_____

_____

_____

2. odgovor:

_____

_____

_____

_____

3. odgovor:

_____

_____

_____

_____

Sljedeće pitanje: koja su vaša tri najgora problema s novcem?

JEDANAESTO PITANJE: Koja su vaša tri najgora problema s novcem?

1. odgovor:

_____

_____

_____

_____

_____

2. odgovor:

_____

_____

_____

_____

3. odgovor:

_____

_____

_____

Sljedeće pitanje: čega imate više, novca ili dugova?

DVANAESTO PITANJE: Čega imate više, novca ili dugova?

Odgovor:

_____

_____

_____

_____

_____

Dat ćemo vam još jedno pitanje: u odnosu s novcem, kako bi imali obilje novca u svojem životu, koje bi tri stvari riješile vašu trenutnu financijsku situaciju?

TRINAESTO PITANJE: U odnosu s novcem, kako bi imali obilje novca u svojem životu, koje bi tri stvari riješile vašu trenutnu financijsku situaciju?

1. odgovor: _____

_____

_____

_____

_____

2. odgovor: _____

_____

_____

_____

3. odgovor: _____

_____

_____

_____

Dobro, imaju li svi svoje odgovore? Postoji li netko tko nema odgovore? Dobro. Vratite se na početak svojih stranica, pročitajte odgovore i pitajte se jeste li bili u potpunosti iskreni u svojim odgovorima i jesu li to odgovori koje na stranici želite imati. Ako nisu, promijenite ih.

Pogledajte svoje odgovore i odlučite jeste li ih stvorili u iskrenosti, iskrenosti sa sobom. Nema pravih odgovora, nema krivih odgovora, samo gledišta; samo to i jesu, gledišta. I to su ograničenja iz kojih ste stvarali svoj život. Ako funkcionirate iz kozmičkog pravog odgovora, niste istiniti prema sebi jer da jeste, život bi vam bio prilično drugačiji.

Što je novac? Za neke je novac auto, za neke kuća, nekima je novac sigurnost, nekima je novac razmjena energije. No je li? Ne, nije. To je energija kao što ste vi energija. Nema razlike između vas i novca, osim gledišta koja mu dajete. I dajete mu ta gledišta jer ste gledišta kupili od drugih.

Ako biste promijenili svoju financijsku situaciju, ako biste promijenili to što je novac u vašem životu, tada morate naučiti biti <u>dopuštanje</u> u svemu. Osobito kad čujete gledište koje vam se isporuči, morate ga pogledati i vidjeti je li ono za vas istinito. Ako vam je ono istinito, priklonili ste se ili složili i učvrstili ga. Ako vam ono nije istinito, opirete se ili reagirate na to i učvrstili ste ga. Čak ni vlastita gledišta ne trebaju slaganje, samo trebaju biti zanimljiva gledišta.

Što jeste, što biste imali, morate BITI. To što nemate u sebi uopće ne možete imati. Ako novac vidite izvan sebe, ne možete ga imati. Ako novac vidite bilo gdje osim unutar sebe kao bića, nikada ga nećete imati i iz vašega gledišta nikada vam neće biti dovoljno.

$$\$$$

PRVO POGLAVLJE

Što je novac?

Rasputin: Dobro, svi spremni? Svi završili? Svi zadovoljni sa svojim odgovorima? U redu.. Sad ćemo početi pričati o novcu. Za početak, sad imate razumijevanje vlastitih gledišta o novcu na temelju onoga što ste zapisali na papir. Svoj život vidite kao financijsku situaciju u kojoj se nalazite, prihvaćate gledište da vam je život ono što sad imate kao financijsku stvarnost. Zanimljivo gledište.

Sad pričamo, kao i mnogo puta dosad, još jednom o razlici između dopuštanja i prihvaćanja. Dopuštanje: vi ste stijena u potoku i bilo koja misao, ideja, uvjerenje ili odluka koja vam prilazi, obilazi vas i nastavlja dalje ako ste stijena u potoku i ako ste u dopuštanju. Ako ste u prihvaćanju, prilaze vam sve ideje, misli, uvjerenja, odluke i vi postajete dio potoka koji vas nosi sa sobom.

Prihvaćanje ima tri dijela: priklanjanje ili suglasnost, što čini učvršćenost, otpor, što čini učvršćenost i reakcija, što čini učvršćenost. Kako to izgleda u stvarnom životu? Pa ako vam prijatelj kaže „u svijetu jednostavno nema dovoljno novca" i vi se tome prilagodite ili se složite, pa kažete „da, u pravu si", učvršćujete to u njegovom i u svojem životu. Ako se tome opirete, mislite „ovaj tip od mene želi novac" i učvršćujete to u njegov i svoj život. Ako na to reagirate i kažete „imam mnogo novca u svojem životu, ne znam što s tobom nije u redu" ili kažete „to za mene neće biti tako", to ste kupili, platili, uzeli kući u vrećici i za sebe učvrstili.

Ako vam prijatelj kaže „u svijetu nema dovoljno novca", to je samo zanimljivo gledište. Svaki put kad čujete informaciju o novcu, istog trena morate potvrditi da je to samo zanimljivo gledište; ne mora biti vaša stvarnost, ne mora biti to što se pojavljuje. Ako mislite da je lakše posuditi nego otplatiti, učvrstili ste to i stvorili kontinuirani dug. Na koncu, to je samo zanimljivo gledište.

Što je novac? Pa, neki od vas misle da je novac zlato, neki misle da je novac auto, neki misle da je novac kuća, neki misle da je novac razmjena energije, neki misle da je novac medij razmjene. Primijetite da su sva ta gledišta učvršćenost. Novac je samo energija. U svijetu nema ničega, ničega što nije energija.

Ako pogledate svoje živote i mislite da nemate dovoljno novca, anđelima koji s vama sjede i pomažu vam govorite da stvarno ne trebate dodatni novac, ne trebate energiju. Uistinu ne trebate, vi jeste energija i uopće nemate ograničene zalihe iste. Imate više nego dovoljno energije da radite sve ono za čime u svojem životu žudite, no ne birate stvarati sebe kao novac, kao energiju, kao snagu.

Što je za vas snaga? Za većinu vas snaga je savladavanje drugoga ili kontroliranje drugoga ili kontroliranje svog života ili postavljanje kontrola u svoj život ili kontroliranje svoje financijske sudbine. Zanimljivo gledište, ha?

Što je financijska sudbina? To je čudan program, to je to što jest, program sudbine. Svaki put kada kažete „moram imati program financijske slobode" govorite si da vi osobno nemate slobode. I tako ste u potpunosti ograničili svoje izbore i ono što doživljavate.

Sad od svih vas tražimo da zatvorite svoje oči i počnete vući energiju sprijeda, vucite ju u svaku poru svojega tijela. Nemojte ju udisati, već vucite. Dobro i sad je vucite odostraga, odasvud. Sad ju vucite sa strane te ju sad povucite odozdo. Primijetite kako vam je dostupno mnoštvo energije kad ju povučete u sebe. Sad je pretvorite u novac. Primijetite kako je odjednom većina vas sve učinila vrlo gustim. Nije više bila energija koju ste vukli, već nešto značajno. Kupili ste ideju da je novac značajan i zbog toga ste ga učvrstili, priklonili ste se i složili s ostatkom svijeta da to tako funkcionira, a funkcionira na energiji. Svijet _ne_ funkcionira na novcu, svijet funkcionira na energiji. Svijet plaća energetskim novčićima i ako novac dajete i primate kao energiju, imat ćete obilje.

No većini vas priljev energije je kategorija, to je ideja. Ponovno vucite energiju u potpunost svojeg tijela, vucite, vucite. Možete li se držati toga? Izgleda li kao da raste i dobiva više i više? Zaustavlja li se s vama?

Ne, vi ste samo energija i smjer u kojem usmjeravate svoju pažnju je način na koji stvarate energiju. Isto je s novcem. Sada, sve u svijetu je energija. Nema mjesta iz kojega ne možete primiti energiju. Energiju možete primiti iz pasjeg sranja na tlu, iz pišaline u snijegu ili je možete osjetiti od auta ili taksista. Evo, prikupljate li svi to? Primate energiju odasvud. Sad, uzmite taksista i pošaljite ogromne količine novca ispred sebe prema taksistu, bilo koji taksist će poslužiti. Šaljite više, više, više, više, više, više, više. Sad, osjetite energiju koja dolazi odostraga. Ograničavate li količinu energije koja dolazi odostraga?

Odakle dolazi novac? Ako ga vidite da dolazi s desna ili s lijeva, svoj život vidite kao rad jer je to jedini način na koji možete doći do novca. Ako ga vidite da dolazi sprijeda, vidite ga kao da pripada budućnosti. A ako ga vidite da dolazi odostraga, vidite ga da dolazi iz prošlosti. I to je jedino mjesto u kojemu ste imali novac. Vaš život je: „Imao sam novac, sad ga nemam i jako sam jadan." To nije stvarnost, samo zanimljivo gledište.

Kad izlijevate novac, izlijevate li ga iz svoje srčane čakre, svoje korijenske čakre ili svoje krunske čakre, odakle ga izlijevate? Izlijevate ga odasvud, iz cijelog svog bića i onda on utječe u cijelo vaše biće.

Ako novac vidite da dolazi iznad vas, tada mislite da će vam duh dati novac. Duh vam daje energiju, energiju za stvaranje onoga što odlučite stvoriti. Što radite, što radite kako biste stvorili novac? Kao prvo, morate postati snaga. Snaga ne sjedi nad nekim drugim, snaga nije kontrola. Snaga je energija … neograničena, ekspanzivna, rastuća, veličanstvena, slavna, bajna, bujna i brza energija. Nalazi se svuda, nema umanjivanja sebe u energiji, nema umanjivanja sebe u snazi i nema umanjivanja drugoga. Kada ste snaga, u potpunosti ste – svoji! A kada ste svoji, vi ste energija, a kao energija, sve je s vama povezano, što znači da su i neograničene zalihe novca povezane s vama.

Sad, postat ćete snaga i zato ćete deset puta ujutro reći „ja sam snaga". I na večer deset puta recite „ja sam snaga". Što još morate biti? Kreativnost. „Ja sam kreativnost." Što je kreativnost? Kreativnost je vizija vašeg života i rad za kojim žudite raditi kao svoju bit, kao dušu energije. Sve što radite kreativno, bez obzira metete li pod, čistite li zahode, perete li prozore, perete li posuđe, kuhate jelo, pišete li čekove, radeći kreativno povezano sa snagom, to je jednako energiji i rezultira novcem jer su oni tada isto.

Sljedeći element koji morate imati je svjesnost. Što je svjesnost? Svjesnost je prepoznavanje da se sve, sve ono što mislite stvara... Manifestira se. Tako vam se život pojavljuje, samo prema vašim mislima.

Ako imate kreativnu sliku onoga gdje idete i što ćete činiti te tome priložite svjesnost da je to obavljeno, to će se manifestirati. No što s time radite, dodajete element vremena – vrijeme! Vrijeme je vaš ubojica jer ako ne manifestirate milijun dolara sutra, nakon završetka ovog tečaja večeras, odlučit ćete da je tečaj bezvrijedan i zaboravit ćete sve što ste naučili.

Pa kako odgovarati na vrijeme? Budite kontrola. „Ja sam kontrola.”

Što znači „ja sam kontrola“? „Ja sam kontrola“ je razumijevanje da u točno vrijeme, na točan način bez definiranja puta kojega ste kreativno predvidjeli, čijega ste završetka svjesni, s kojim ste se povezali kao njegova snaga, kao njegova energija, to je obavljeno u svoje vrijeme u svojim okvirima. I ako spojite ova četiri dijela i dopustite svemiru da prilagodi sve aspekte te fino ugodi svijet kako bi postao vaš rob, manifestirat ćete točno ono za čime žudite.

Sad, razgovarajmo na trenutak o žudnji. Žudnja je emocija iz koje odlučujete stvarati. Je li to stvarnost? Ne, to je samo zanimljivo gledište. Ako žudite za odjećom, radite li to zbog nekog razloga ili vam je hladno ili vam je prevruće ili ste iznosili svoje cipele? Ne, ne činite to zbog tog razloga, činite to zbog mnogih drugih. Zato što vam je netko rekao da izgledate dobro u toj boji ili su vam rekli da su vas previše puta vidjeli u toj košulji ili misle .... (smijeh) Da, drago nam je da ste se konačno ovdje malo razvedrili (smijeh)

Dobro, dakle, žudnja je mjesto u kojem emocionalnu potrebu izlijevate u svoje inzistiranje, što je stvarnost. Vi kao biće, vi kao energija, vi kao snaga, vi kao kreativnost, vi kao svjesnost i vi kao kontrola uopće nemate žudnje, nikakve, nema žudnje. No, vi na ovoj razini ne birate lakoću, ne birate lakoću jer biste tada morali biti snaga, jer to znači da na ovoj zemlji morate manifestirati mir, smirenost, radost, smijeh i slavlje. Ne samo za sebe, već za sve druge.

Vi birate iz umanjivanja sebe. Ako postanete snaga koja jeste, od vas se traži da živite u radosti, lakoći i slavlju.

Slavlje je bujan izražaj života i obilje u svemu.

Što je obilje u svemu? Obilje u svemu je razumijevanje i stvarnost da ste povezani sa svakim bićem na ovoj razini, sa svakom molekulom na ovoj razini i svaka vas od njih podržava u energiji i snazi koja jeste. Ako funkcionirate kao išta manje od toga, išta manje od toga, samo ste slabić.

Iz tog slabljenja financijske nesigurnosti sebe stvarate malim, nesposobnim i još više od toga, nevoljnim. Niste voljni prihvatiti izazov onoga tko uistinu jeste zato što ste snaga, kontrola, svjesnost i kreativnost. I ta četiri elementa stvaraju vaše obilje. Pa postanite to, svakodnevno ih koristite u ostatku svojeg života ili dok to sami ne postanete. A možete dodati još nešto i reći „ja sam novac, ja sam novac". U redu, sad ćemo svih vas zamoliti da kažete s nama, pratite nas i reći ćemo neke „ja sam...". Može? Dobro, počinjemo:

Ja sam snaga, ja sam svjesnost, ja sam kontrola, ja sam kreativnost, ja sam novac, ja sam kontrola, ja sam snaga, ja sam svjesnost, ja sam kreativnost, ja sam snaga, ja sam svjesnost, ja sam kontrola, ja sam kreativnost, ja sam novac, ja sam svjesnost, ja sam snaga, ja sam kontrola, ja sam svjesnost, ja sam snaga, ja sam kontrola, ja sam novac, ja sam kreativnost, ja sam radost. Dobro.

Sad, osjetite svoju energiju i širenje svoje energije. To je vaša istina i to je mjesto iz kojeg stvarate tok novca. Svatko je od vas sklon povući se u malu domenu koju zovete svoje tijelo i misliti. Prestanite misliti, mozak je za vas beskoristan alat, odbacite taj mozak i počnite funkcionirati kao svoja istina, svoja snaga, svoje širenje. Budite to u potpunosti. Sad, neka se svatko povuče u svoj financijski svijet. Osjećate li se tu dobro?

Sudionik: Ne.
R: Točno. Pa zašto tamo birate živjeti? Iz kojeg ograničenog uvjerenja funkcionirate? Zapišite to.

Iz kojeg ograničenog uvjerenja u životu funkcionirate koje je stvorilo vaš financijski svijet?

Odgovor:_____
_____
_____
_____

–

Sad, ostanite rasprostranjeni kao snaga i pogledajte taj financijski svijet koji ste stvorili unutar sebe, ne kao stvarnost, već kao prostor iz kojega funkcionirate. Koje ograničeno uvjerenje morate imati da tako funkcionirate? Nemojte se povući u svoja tijela, možemo osjetiti da to radite. Dodirnite prostor, nemojte biti u njemu. Hvala vam, tako. Raširite se prema van, da, tako. Nemojte se povlačiti natrag u taj prostor. Opet to radite, maknite se van.

Ja sam snaga, ja sam svjesnost, ja sam kontrola, ja sam kreativnost, ja sam novac, ja sam snaga, ja sam kontrola, ja sam kreativnost, ja sam novac, ja sam snaga, ja sam kontrola, ja sam kreativnost, ja sam novac, ja sam snaga, ja sam kontrola, ja sam kreativnost, ja sam novac, ja sam svjesnost, ja sam svjesnost, ja sam svjesnost. Evo ga, hvala vam.

Sad ste izvan svojih tijela. Uvijek birate umanjivati sebe do veličine svojeg tijela, zatim birate ograničenje o tome što možete primiti jer mislite da samo vaše tijelo prima energiju novca, što nije istinito. To je laž iz koje funkcionirate. Dobro, jeste li sad rašireniji? Dobro, sad kad ste to pogledali, jeste li svi smislili odgovor? Tko nema odgovor?

S: Ja nemam.
R: Dobro. Nemate odgovor? Idemo pogledati. Što smatrate da vaša financijska situacija jest? Osjetite to u svojem tijelu – gdje se nalazi?
S: U mojim očima.
R: U vašim očima? Vaša financijska situacija je tamo pa ne možete vidjeti što stvarate, ha?

S: Da.

R: Dakle, je li svjesnost u vašim očima? O, zanimljivo, jeste li primijetili da se sad počinjete micati van? Da, počinjete se micati van. Ograničeno vjerovanje po kojem funkcionirate je: „Nemam predviđanje da znam što će se dogoditi i kako to kontrolirati." Istinito?

S: Da.

R: Dobro. Kako ćete se izvući iz tog uvjerenja? Sad, jeste li svi ostali shvatili po kojem uvjerenju funkcionirate? Tko još ovdje treba doprinos, kome se treba pomoći?

S: Ja trebam.

R: Da? Koja je vaša financijska situacija i gdje ju osjećate u svojem tijelu?

S: U svom solarnom pleksusu i grlu.

R: Da, dobro. Pa što je taj solarni pleksus i grlo? Uđite u to, osjetite u potpunosti, osjetite to, da, tamo, točno tamo. Dobro, primijetit ćete da postaje teže i teže. Da, više i više financijske situacije koja je tamo i točno se tako osjećate kad god uđete u svoj financijski nered, zar ne? Dobro, sad to okrenite i neka ide u suprotnom smjeru. Evo ga, osjećate li to? Mijenja se sad, zar ne?

S: Aha.

R: Vaše financijsko razmatranje je da nemate snage ili glas da govorite svoju istinu kako bi nešto napravili.

S: Da.

R: Da, točno to. Dobro. Vidite. Sad, svi vi sad razumijete metodu, ovako ćete okrenuti učinke koje ste stvorili u vlastitim tijelima, u vlastitom svijetu. Gdje unutar svojeg tijela osjećate financijska ograničenja, okrenite ih i dopustite im da izađu iz vas i da budu izvan vas, a ne unutar vas. Da ne budu dio vas, već uistinu zanimljivo gledište. Jer ovdje imate gledište, možete to vidjeti. A time što funkcionirate tako da vas tijelo ograničava, stvarate i ograničenje svoje duše. Sad, tko već osjeća vrtoglavicu? Itko?

S: Ja.

R: Lagana vrtoglavica ovdje? Dobro. Dakle, lagana vrtoglavica? Zašto vam se vrti? Osjećate li tako razmatranja o novcu? Da vas na neki način vrte i ne znate kako točno s njima postupati? Maknite tu vrtoglavicu izvan svoje glave. Ah, osjetite to, osjetite to. Sada ste širenje. Više to ne vidite kao nekontroliranost u svojoj glavi. Nema nekontroliranosti. To je potpuno sranje! Jedine stvari koje vas kontroliraju su crvena svjetla po kojima funkcionirate i zelena svjetla koja vam govore da krenete, i to kad vozite auto.

Zašto biste pratili ta zelena svjetla i ta crvena svjetla kad ste u svojem tijelu? Pavlovljev trening? Sad vas molimo da se vratite svojim izvornim pitanjima. Koje je prvo pitanje?

S: Što je novac?

R: Što je novac? Što je za vas novac? Odgovori.

S: Moj prvi odgovor bio je snaga. Moj drugi odgovor bio je mobilnost, a treći je bio rast.

R: Dobro. Koji od ovih je istinit?

S: Snaga.

R: Stvarno?

S: Snaga, to je potpuno istinito.

R: Je li to stvarno istinito? Mislite da je novac snaga? Imate li novac?

S: Ne.

R: Dakle, nemate snage?

S: Točno.

R: Osjećate li se tako? Nemoćno? Gdje osjećate tu nemoć?

S: Kad to tako kažete, osjećam to upravo u svojem solarnom pleksusu.

R: Da i što radite? Okrenite to.

S: No, znate, kad sam osjetio novac, osjetio sam ga u svojem srcu i kad krenem nešto raditi, tamo gdje osjećam...

R: Da jer govorimo o snazi, problem snage osjećate u solarnom pleksusu. Prodali ste svoju snagu i dali ju dalje, morate okrenuti taj tok. Snaga je vaša, vi ste snaga. Vi ne stvarate snagu, vi to jeste. Osjećate to tamo? Kad to okrenete, ponovno se počnite širiti, nemojte ulaziti u svoju glavu, nemojte misliti o tome, osjetite to! Da, tamo, gurate tu snagu van.

Sad, što to znači? Za sve vas, stvarnost je kad imate novac kao snagu i osjetite kako ga privlačite unutra, pokušavate stvarati snagu i tako ste već pretpostavili da je uopće nemate, osnovna pretpostavka. Sve što blokira vašu pozornost ima istinu s priloženom laži.

S: Možete li to ponoviti, molim vas?

R: Sve što blokira vašu pozornost, o snazi?

S: Da.

R: Kad osjetite da vam prilazi snaga, već ste pretpostavili da ju uopće nemate. Pretpostavili ste. Što vam to čini? To vas umanjuje. Ne stvarajte iz pretpostavke, pretpostavke da je novac snaga – osjetite to. Novac kao snaga – je li to čvrstoća ili je to samo zanimljivo gledište?

Činite to takvim, ako je novac snaga, osjetite njegovu energiju. Čvrsto je, zar ne? Možete li u čvrstoći funkcionirati kao energija? Ne, jer je to mjesto u kojem stvarate kutiju u kojoj živite i tamo ste svi sad zarobljeni! U ideji da je novac snaga. Vaš sljedeći odgovor?

S: Moj sljedeći odgovor bio je mobilnost.

R: Mobilnost?

S: Da.

R: Novac vam omogućava kretanje, ha?

S: Da.

R: Stvarno? Nemate novca, no uspjeli ste doći iz Pennsylvanije u New York.

S: Pa, kad to tako kažete...

R: Jeste li?

S: Da.

R: I koliko ste ovdje dobili energije koja vas je promijenila?

S: O, puno više nego što je trebalo da dođem ovdje. To mislite?

R: Da, nije li to zanimljivo gledište? Pa kojim smjerom tečete, više van ili unutra?

S: O, s toga gledišta, više unutra.

R: Točno. No vidite, uvijek mislite da se umanjujete zato što dobivate energiju, no, novac ne vidite kao energiju koja može ući, može ući. Dopuštate energiju s velikom radošću, zar ne?

S: Da.

R: Sjajan ukus?

S: Da.

R: Slavlje kao takvo. Sad, osjetite slavlje energije, energiju koju ste doživjeli u zadnjih par dana. Osjetite li to?

S: Da.

R: Okrenite sve to u novac. Vau, kakav bi to vihor bio, ha?

S: (smijeh)

R: Pa, zašto ne dopuštate da to u vašem životu bude i nadalje? Zato što si niste voljni dopustiti primanje. Zbog pretpostavke da trebate. Kako osjećate potrebu?

S: Ne čini se dobrom.

R: Osjeti se kao učvršćenost, ha? To je poklopac na vašoj kutiji. *Potreba*, to je jedna od najprljavijih riječi u vašem jeziku. Izbacite ju! Upravo ju sada zapišite na komad papira, na zasebnom papiru. Zapišite „potreba"!

Istrgnite to iz svoje knjige i poderite! Sad morate staviti dijelove u svoj džep jer će inače D (drugi sudionik) imati problem. (Smijeh) Dobro! Kako vam se to čini?

S: Dobro.

R: Čini se super, ha? Da, dobro, svaki put kad koristite riječ *potreba*, zapišite ju i poderite, sve dok ju ne izbrišete iz svog rječnika.

S: Mogu li vam postaviti pitanje?

R: Da, imate pitanja?

S: Da, samo o... ranije sam mislio da ste objašnjavali kako su riječi *snaga, energija* i *svjesnost* međusobno zamjenljive.

R: Ne baš. Ako ih činite značajnim, učvrstili ste ih. Morate ih održavati kao tokove energije. Snaga je energija, svjesnost je energija, kao znanje s apsolutnom sigurnošću, bez sumnje, bez suzdržavanja.

Ako mislite „Sljedećeg ću tjedna imati milijun dolara" i iznutra čujete mali glas koji govori „Želiš li se kladiti?" ili drugi koji govori „Kako ćeš to učiniti?" ili „O moj Bože, ne mogu vjerovati da sam se tako obavezao!" već ste se usprotivili sebi do točke gdje se ne može pojaviti u vremenskom slijedu koji ste za to stvorili, što je problem kontrole.

Ako mislite „želim imati milijun dolara u banci" i znate da ćete to učiniti bez obzira na vrijeme jer imate kontrolu za promatranje svojih misaonih procesa i svaki put kad imate misao koja je tome suprotstavljena, mislite „O, zanimljivo gledište" i izbrišete ju, to se puno brže može dogoditi. Svaki put kad imate misao koju ne izbrišete, produžili ste razdoblje nepostojanja.

Odmakli ste se od toga. Vidite, ako na to pogledate s osnovne svrhe, recimo da imate držač za lopticu, dobro, točka je ovdje i svoju ideju za milijun dolara stavit ćete na povrh točke i svaki put kad nešto kažete, mislite nešto negativno o tome što ste odlučili stvarati, lomite temelj sve dok se ne prevrne i padne. I tada više ne postoji. Zatim to opet sagradite i opet odlučite, no opet ste to počeli kontinuirano lomiti. Ravnoteža toga u točki — morate shvatiti poantu i držati ju tamo kao znanje, kao stvarnost koja već postoji. I konačno ćete u svojem vremenskom slijedu doći do toga što ste stvorili. Samo ćete tada vidjeti da to imate i da je vaše. Dobro, idemo natrag na vaš drugi odgovor, mobilnost. Što je mobilnost? Kretanje svojega tijela?

S: Pa, tako sam mislio.

R: Jeste li mislili na kretanje tijela ili na slobodu?

S: Pa, oboje.

R: Oboje?

S: Da.

R: Pa, još jednom, pretpostavka je da ju nemate. Primijetite da su vaše pretpostavke negativna gledišta koje vam ne dopuštaju, *ne dopuštaju vam* primanje onoga za čime u životu žudite. Ako kažete „Ja trebam ili žudim za slobodom", automatski ste stvorili gledište da nemate slobode. To nije ni snaga, ni svjesnost, ni kontrola, ni kreativnost. Pa, na neki način je kreativnost. Stvorili ste to kao stvarnost iz koje funkcionirate. Svijest je proces po kojem stvarate svoj život, a ne po pretpostavci. Ne možete funkcionirati iz pretpostavke, mala aliteracija je ovdje, vrijeme je da napišete vlastitu pjesmu. Dobro. Sad, vaš treći odgovor.

S: Treći, pa, rast.

R: O, u zadnjih 20 godina niste narasli?

S: Pa, rast, imao sam ideju da trebam putovati...

R: Što ste rekli?

S: Htio bih da mogu putovati...

R: Što ste rekli?

S: Rekao sam da bih htio, o, rekao sam „ja trebam."

R: Da, zapišite to i poderite (smijeh) Bolje vam je da to pišete na malim komadićima papira.

S: Da, valjda. Da, htio bih da mogu putovati okolo kad čujem za uzbudljive radionice na kojima mogu nešto naučiti.

R: Zanimljivo gledište. Sad, što je automatsko gledište, pretpostavka iz koje funkcionirate? „Ne mogu si priuštiti." „Nemam dovoljno novca." Osjetite svoju energiju. Osjetite svoju energiju, kakva vam se čini?

S: Sad se čini jako prostranom.

R: Dobro. No kad to kažete, kakva vam se čini?

S: Kada to kažem?

R: Da. Kad pretpostavljate da nemate dovoljno novca.

S: O, to se čini umanjeno, to se čini...

R: Dobro. Morate li i dalje funkcionirati na taj način?

S: Nadam se da ne.

R: Nadate se da ne? Zanimljivo gledište.

S: Sigurno jest.

R: Svijest, svijest, svaki put kad se tako osjećate, probudite se!! Kad se tako osjećate, više niste istiniti prema sebi. Više niste snaga, svjesnost, kontrola, kreativnost ili novac. Dobro. Ima li netko gledišta o tome što je za njega novac i htio bi neka pojašnjenja o svojim pretpostavljenim gledištima?

S: Da.

R: Da?

S: Moje prvo je bilo kozmičko gorivo.

R: Kozmičko gorivo? Vjerujete li uistinu u to i koja pretpostavka stoji iza toga? Da nemate kozmičkoga goriva? Pretpostavka koja iza toga stoji je da nemate kozmičkoga goriva. Niste povezani s kozmosom i niste svjesnost. Je li neka od ovih stvari istinita?

S: Ne.

R: Ne, nije. Pa nemojte funkcionirati iz pretpostavke, funkcionirajte iz stvarnosti. Imate kozmičko gorivo, mnogo, mnogo, obilje. Da, tako. Shvaćate li? Imate li druga gledišta koja biste htjeli preispitati?

S: Da. Imao sam jastuk za opstanak.

R: A, vrlo zanimljivo gledište, pretpostavili bismo da otprilike šest ili sedam drugih možda ima slično gledište. Sad, koja je pretpostavka iz koje funkcionirate? Zapravo postoje tri u tom određenom gledištu.

Pogledajte ih, što vidite, što tamo pretpostavljate? Prvo, pretpostavljate da ćete opstati ili da morate opstati. Koliko ste bilijuna godina stari?

S: Šest.

R: Barem. Pa već ste opstali šest bilijuna, koliko ste puta u tim životima svoj jastuk uspjeli uzeti sa sobom? (smijeh) Što?

S: U svim.

R: Uzeli ste jastuk s novcem sa sobom kroz sve te živote, jastuk opstanka?

S: Da.

R: Kad pričate o opstanku, pričate o svojem tijelu i pretpostavljate da ste tijelo i da ono može opstati samo s novcem. Prestanite disati i udišite energiju u svoj solarni pleksus, nemojte uvlačiti velike količine zraka kako biste to učinili. Primijetite da možete tri ili četiri puta udahnuti energiju prije nego što osjetite da morate disati i vaše se tijelo osjeća energizirano. Da, tako. Sad možete disati, udišite energiju dok udišete zrak. Tako postajete energija i novac, udišete energiju sa svakim udahom, udišete novac sa svakim udahom; nema razlike između vas i novca. U redu. Shvaćate li to sad? Je li ovo sve objasnilo?

S: Shvaćam li to?

R: Razumijete li sad kako netko funkcionira i koja je vaša pretpostavka tamo?

S: Da.

R: Dobro. I treba li vam to još?

S: Ne.

R: Dobro. Što s time možete činiti? Promijenite to, svi to možete promijeniti, maknite pretpostavku i stvorite novo gledište kao snagu, energiju, kontrolu, kreativnost, novac. Koje biste novo gledište imali?

S: Da sam snaga, da sam energija.

R: Točno, pa i jeste, zar ne? I jeste li uvijek bili? Koje zanimljivo gledište. Dobro, sljedeće pitanje, tko se dobrovoljno javlja?

S: Rekli ste da s tim jastukom postoje tri pretpostavke.

R: Da.

S: Rekli ste samo jednu, zar ne?

R: Dobili ste dvije.

S: Dvije? Moram opstati.

R: Ja ću opstati, ja moram opstati, ja ne mogu opstati.

S: Dobro.

R: I koja je treća? Razmislite o tome. Ja nisam voljan opstati. Neizrečeno gledište.

DRUGO POGLAVLJE

Što vam znači novac?

Rasputin: Molimo vas pročitajte drugo pitanje i odgovore.

Sudionik: Što vam znači novac?

R: Koji je vaš prvi odgovor?

S: Sigurnost.

R: Sigurnost. Kako je novac sigurnost?

S: Ako ga imate, osiguravate svoju sadašnjost i svoju budućnost.

R: Zanimljivo gledište. Je li to istinito, je li stvarno? Ako svoj novac imate u banci i ona propadne, jeste li sigurni? Ako svoj novac imate u kući i ona izgori na dan kad ste zaboravili uplatiti osiguranje, imate li sigurnost?

S: Ne.

R: Imate samo jednu sigurnost, a novac nije taj koji ju stvara. Sigurnost je u istini vas kao bića, kao duše, kao jednog svjetla. I odatle stvarate. Vi ste snaga, kao energija. Kao snaga, kao energija imate samo jednu istinsku sigurnost. Da živite u Kaliforniji znali biste da nema sigurnosti jer se sve pod vašim nogama miče. No, na istočnoj obali smatrate da je tlo sigurno, ali nije. Ono što zovete svijet nije čvrsto mjesto, već energija. Jesi li ovi zidovi čvrsti? Čak i vaši znanstvenici kažu da nisu, molekule se samo sporije gibaju i zbog toga se čine čvrstim.

Jeste li vi čvrsti? Sigurni? Ne, vi ste prostor između gomile molekula koje ste stvorili i oblikovali da izgledaju čvrsto. Je li to sigurnost? Ako biste s novcem mogli biti sigurni, biste li ga mogli uzeti sa sobom kad umrete? Biste li mogli nabaviti novo tijelo, vratiti se i uzeti ga u sljedećem životu? Je li to stvarno sigurnost koju kupujete s novcem, znači li to stvarno sigurnost ili je to samo gledište koje ste preuzeli, kupili od drugih i tako stvarate svoj život?

S: Dakle, govorite mi da ako mislim na novac, mogu ga i stvoriti?

R: Da. Ne ako mislite o njemu, ako to JESTE!

S: Kako da postanem novac?

R: Kao prvo, morate imati viziju svojeg života i to činite s „Ja sam kreativnost.“ Vi ste kreativnost kao vizija. Kao energija, vi ste „Ja sam snaga“. Vi ste „Ja sam svjesnost“ i znate da će svijet biti takav kakvim ga vidite.

I vi ste „Ja sam kontrola" i niste vezani za to kako ćete doći tamo, no, imate svjesnost da će svemir pokrenuti zupčanike kako bi ostvario vašu viziju ako održite svoju snagu i održite svoju svjesnost u skladu s onime što radite. I ako imate ta četiri elementa, možete postati „Ja sam novac."

I možete ih koristiti, možete reći „Ja sam snaga, ja sam svjesnost, ja sam kontrola, ja sam kreativnost, ja sam novac." I radite to svakog jutra i svake večeri sve dok ne postanete novac, dok ne postanete kreativnost, dok ne postanete svjesnost, dok ne postanete kontrola, dok ne postanete snaga. Tako postajete novac. S bivanjem „Ja sam." Jer na taj način sada stvarate sebe. Vidite, ako sebe stvarate iz gledišta „Bit ću sigurniji kad primim novac" što je to? To je vremenski slijed, budućnost, zar ne?

S: Točno.

R: I nikad to ne možete postići.

S: Morate li uvijek biti u sadašnjosti?

R: Da! „Ja sam" vas uvijek stavlja u sadašnjost. Koje drugo gledište imate o novcu, što vam on znači?

S: Pa uglavnom sam mislio o sigurnosti jer druga dva bi bila dom i budućnost. No ako imam sigurnost, dom bi mi bio siguran i budućnost bi mi bila sigurna. Dakle, stvarno je…

R: Stvarno? Je li to stvarno istinito?

S: Ne, ne, ne, nije. Razumijem to kroz što ste me upravo proveli kao svoju prvu potrebu za sigurnošću.

R: Da, dobro.

S: Razumijem „Ja sam…".

R: Da. Ima li još netko gledište za koje bi htio pojašnjenje?

S: Sreća.

R: Sreća, novac vam kupuje sreću, ha?

S: Mislim da da.

R: Stvarno, imate li novac u svojem džepu?

S: Ne puno.

R: Jeste li sretni?

S: Aha.

R: Dakle, novac vam to nije kupio, zar ne?

S: Ne.

R: To je točno. Vi stvarate sreću, stvarate radost u svojem životu, a ne novac.

Novac ne kupuje sreću, no ako imate gledište da novac kupuje sreću i ako nemate novca, kako možete imati sreću? I prosudba koja ide nakon toga je „Nemam dovoljno novca za sreću." Čak i kada dobijete više, još uvijek nemate dovoljno novca za sreću. Shvaćate li? Kako vam se to čini?

S: Uvijek sam sretan čak i ako nemam novca, no, znam da moram nekome platiti u četvrtak, a spoznaja da uopće nemam novca me stavlja u još gore raspoloženje.

R: Ah! Sad smo došli do nečega – vrijeme. Kako stvarate novac?

S: S poslom, radom.

R: To je zanimljivo gledište. Mislite li da možete primiti samo s radom?

S: To sam iskusio.

R: Pa, koje je gledište došlo prvo, ideja da morate raditi kako biste dobili novac ili iskustvo?

S: Ideja.

R: Točno. Stvorili ste ju, zar ne?

S: Da.

R: Stoga ste za to odgovorni; stvorili ste svijet točno po svom zamišljenom obrascu. Odbacite svoje mozgove, smetaju vam! Mislite, ne obogaćujete se, već se ograničavate. Kad počnete razmišljati umanjujete se i ograničavate sebe u onome što ćete postići i što ćete dobiti. Oduvijek ste mogli stvarati sreću, zar ne?

S: Da.

R: Samo vam računi stoje na putu, zar ne?

S: Da.

R: Razmišljate, imate viziju o novcu i o tome kakav će vam biti život, zar ne?

S: Da.

R: Uđite sad u tu viziju. Kako vam se čini? Lagano ili teško?

S: Lagano.

R: I kad ste u toj lakoći, znate li da ćete platiti sve što dugujete?

S: Možeš li to ponoviti?

R: U toj lakoći, znate li kao svjesnost da ćete uvijek platiti sve što dugujete?

S: Da.

R: Znate to? Imate apsolutnu svjesnost i sigurni ste u to?

S: Da moram platiti svakome kome sam dužan.

R: Ne, ne da morate, nego da hoćete.

S: Da, mislim da hoću.

R: O, zanimljivo gledište, mislite da hoćete. Ako mislite da ćete to platiti, žudite li to platiti ili se opirete?

S: Opirem se.

R: Da, opirete se. Da, opirete se plaćanju? Koja je svrha opiranja?

S: Ne bih vam mogao reći.

R: Koje je gledište ispod toga da ne želite platiti? Da imate dovoljno novca, biste li platili račun?

S: Da.

R: Pa koje je gledište ispod i nije izraženo?

S: Da se brinem oko novca i ne želim platiti.

R: Da nećete imati dovoljno?

S: Da.

R: Da, to je neizraženo gledište. Ne možete to vidjeti i to vas vodi u nevolju. Jer to je mjesto kojega ste stvarali, iz gledišta da uopće nemate dovoljno. Dakle, jeste li to stvorili kao stvarnost da nemate dovoljno?

S: Da.

R: Sviđa li vam se funkcionirati iz tog mjesta?

S: Ne razumijem što govorite.

R: Sviđa li vam se funkcionirati iz „nedovoljnog"?

S: Da.

R: Koja je vrijednost biranja „nedovoljnog"?

S: Nema je.

R: Mora biti jer inače to ne biste izabrali.

S: Nemamo li svi taj strah?

R: Da, svi vi imate strah da nećete imati dovoljno i svi funkcionirate iz sigurnosti da nećete imati dovoljno pa zbog toga tražite sigurnost i zato tražite sreću i zato tražite domove i zato tražite budućnost, a zapravo ste stvorili svaku budućnost koju ste ikad imali. Vi ste stvorili svaku prošlost, svaku sadašnjost i svaku budućnost. Odradili ste besprijekoran posao stvaranja toga točno onako kako mislite. Ako mislite da nemate dovoljno, što stvarate?

S: Nedovoljno.

R: Točno i nećete imati dovoljno. Sad si čestitajte da ovako dobrom poslu, odradili ste besprijekorno divan posao stvaranja „nedovoljnog". Čestitamo, vrlo ste dobri, sjajni ste i slavni stvoritelji.

S: U stvaranju ničega.

R: O, nešto ste stvorili, stvorili ste dug, zar ne?

S: Dobro, tako je.

R: Vrlo ste dobri u stvaranju duga, vrlo ste dobri u stvaranju „nedovoljnog", vrlo ste dobri u stvaranju dovoljnog s čime se hranite i oblačite, da? Odradili ste odličan posao kako biste sve to stvorili. Dakle, iz kojega gledišta ne stvarate? Bez ograničenja, bez ograničenja.

S: Nije li za to potrebno puno vježbe?

R: Ne, nije potrebna vježba.

S: Stvarno, radimo li to cijelo vrijeme?

R: Da, sve što trebate je BITI „Ja sam kreativnost", vizija svojeg života. Kako biste htjeli da vam život izgleda? Što bi on bio kad biste ga mogli stvarati na bilo koji način koji izaberete? Biste li bili milijunaš ili prosjak?

S: Milijunaš.

R: Kako znate da je bolje biti milijunaš nego prosjak? Ako ste milijunaš, netko vam može ukrasti sav vaš novac. Ako ste prosjak, nitko vam neće doći i ukrasti novac. Dakle, htjeli biste biti milijunaš? Iz kojeg razloga? Zašto biste htjeli biti milijunaš? Koja je vrijednost biti milijunaš? Čini se kao dobra ideja, no samo se čini kao dobra ideja, točno?

S: Da, dobra je ideja.

R: Dobra je ideja, dobro. Dobro. Idemo se ovdje malo zabaviti. Zatvorite oči, zamislite novčanicu od sto dolara u svojoj ruci. Sad ju poderite na male komadiće i bacite. Ooo, ovo boli.

Sudionici: (smijeh)

R: Zamislite tisuću dolara, sada to poderite na male komadiće i bacite. Ovo jače boli, zar ne?

S: Da.

R: Sada deset tisuća dolara i spalite ih, bacite ih u vatru. Zanimljivo, nije bilo teško baciti deset tisuća dolara u vatru, zar ne? Bacite sada sto tisuća dolara u vatru. Bacite sada milijun dolara u vatru. Sada bacite deset milijuna dolara u vatru. Sada BUDITE deset milijuna dolara. Koja je razlika između deset milijuna dolara u vatri i biti deset milijuna dolara?

S: Osjećaj je puno bolji.

R: Dobro. Pa kako to da uvijek sav svoj novac bacate u vatru?

Sudionici: (smijeh)

R: Uvijek bacate svoj novac i uvijek ga trošite kako biste pokušali biti sretni i kako biste pokušali preživjeti. Ne dopuštate si stvarati toliko puno da se osjećate da jeste novac i da ste voljni biti novac.

Voljnost da budete novac je biti milijun dolara ili biti deset milijuna dolara. Biti je samo energija, nema stvarnoga značaja, osim ako to učinite takvim. Ako ga učinite značajnim, činite ga teškim. Ako je značajan, postaje čvrstoća i tada ste se zarobili. Kutija vašeg svijeta su parametri po kojima stvarate svoje ograničenje. Samo zato što imate veću kutiju ne znači da je manje ograničavajuća, to je i dalje kutija. Shvaćate poantu.

S: Da.

R: Sviđa li vam se poanta?

S: Da.

R: Dobro.

S: I dalje je teško. (Smijeh)

R: Sad, zanimljivo je gledište da je teško biti novac, ha?

S: Da.

R: Sad, pogledajte to gledište. Što stvarate s tim gledištem?

S: Znam da ograničavam stvari.

R: Da, to činite teškim, čvrstim i stvarnim. Čovječe, niste li odradili dobar posao s tim. Čestitamo, vi ste sjajan i slavan stvoritelj.

S: Te dvije čarobne riječi, ja sam.

R: Ja sam novac, ja sam snaga, ja sam kreativnost, ja sam kontrola, ja sam svjesnost. Dobro, bi li još netko htio da mu se njegovo gledište više objasni?

S: Možete li ga zaraditi bez da za njega radite?

R: Možete ga zaraditi bez da za njega radite. Sad, postoje dva vrlo zanimljiva ograničenja. Kao prvo, kako stvarate novac, imate li tiskaru u svojem dvorištu?

S: Ne.

R: I bez da radite za njega, što je za vas rad?

S: Plaća.

R: Rad je plaća?

S: Da.

R: Dakle, sjedite doma i skupljate jednu od njih?

S: Ne, odlazim raditi.

R: Ne, rad je za vas nešto što mrzite raditi. Osjetite riječ *rad*, osjetite ju. Kako vam se čini? Osjeća li se lagano i prozračno?

S: Ne.

R: Osjeća se kao sranje, ha? (smijeh) Rad, je li rad gledanje u svoju kristalnu kuglu?

S: Ne.

R: Pa, nije čudno što ne zarađujete nikakav novac. Ne vidite što činite kao rad, zar ne?

S: Još ne znam što stvarno radim.

R: Zanimljivo gledište. Kako možete biti „ja sam svjesnost" i ne znati što radite? Koja je pretpostavka ispod toga? Koje je gledište ispod toga po kojem funkcionirate? Je li „bojim se"?

S: Ne, ne razumijem.

R: Što ne razumijete? Ako sumnjate u svoju sposobnost, ne možete naplaćivati. Da?

S: Nije da sumnjam u to. Ne razumijem to. Ne znam što vidim.

R: Dobro, oslobodite svoj um, povežite se sa svojim vodičima i neka vas kugla vodi. Pokušavate misliti i shvaćati iz svoga gledišta razmišljanja. Vi niste stroj za razmišljanje; vidoviti ste. Vidovnjak ništa ne radi, već je biva za slike koje dolaze i oslobađa svoj um i oslobađa svoja usta i omogućava protok. Možete li vi to činiti?

S: Da, to činim.

R: I to činite jako dobro kada dopustite da se to dogodi. Nesposobnost stvarate samo kad uključite svoj um u jednadžbu. Nezgodan dio za vas je da ne vjerujete u ono što znate. Ne prepoznajete da vi, kao neograničeno biće koje jeste, imate pristup svom znanju svemira. I da ste cjevovod za buđenje kozmičke svijesti. Realnost je da živite u strahu... strahu od uspjeha, strahu od svoje snage i strahu od svoje sposobnosti. I za svakog od vas, ispod vašeg straha je ljutnja, jaka ljutnja i bijes. I na koga ste bijesni? Na sebe. Ljuti ste na sebe zbog biranja da budete ograničena bića koja jeste, da ne hodate u visini Božje sile koja vi jeste, već funkcionirate iz ograničene veličine svojega tijela kao da je to ljuska postojanja. Proširite se prema van i odmaknite se od toga tako da ne budete u strahu i ljutnji, već u sjajnom i slavnom čudu svoje sposobnosti stvaranja. Kreativnost je vizija. Imate li vizije?

S: Da.

R: Znanje kao svjesnost, znanje je sigurnost da ste povezani sa svojom snagom. Imate li to?

S: Da.

R: I kontrola, jeste li ju voljni prepustiti kozmičkim silama?

S: Ako naučim kako.

R: Ne morate naučiti kako, morate biti „ja sam kontrola." To što vidite izvan sebe ne možete imati.

„Naučiti kako" je način na koji stvaranje slabljenje i u svoj proračun postignuća stavljate vrijednost vremena kao da ono stvarno postoji. Upravo sada znate sve što će u biti budućnosti i znate sve što je bilo u prošlosti. Nema vremena osim onoga kojega vi stvarate. Da se pomaknete, morate se maknuti iz gledišta „ja sam kontrola" odričući se potrebe da shvatite kako doći od točke A do točke B, a to je „ako naučim". To je put od točke A do točke B. Iz umanjivanja pokušavate kontrolirati proces i svoju sudbinu. To odatle ne možete postići. Razumijete?

S: Da.

R: Jeste li voljni pogledati svoju ljutnju?

S: Da.

R: Pogledajte ju. Kako se osjećate?

S: Krivo.

R: I gdje ju osjećate, u kojem dijelu svojega tijela?

S: U svojim prsima.

R: Sad ju uzmite iz svojih prsiju i gurnite jedan metar ispred sebe. Gurnite ju van. Dobro. Kako je sad? Teško ili lagano?

S: Ne čini se jako teško.

R: Ali nalazi se jedan metar dalje od vas, zar ne? Sad, to je vaša ljutnja, je li stvarna?

S: Da.

R: Jest? Zanimljivo gledište. To je samo zanimljivo gledište, a ne stvarnost. Vi ste to stvorili, vi stvarate sve svoje emocije, vi ste stvoritelj svega u svojem životu, vi ste stvoritelj svega što vam se pojavljuje. Vi stvarate i ako u proračun morate staviti vrijeme, stavite ga u inkremente od deset sekundi. Dobro, dat ćemo vam ovdje izbor. Imate deset sekundi da proživite ostatak svojeg života ili će vas pojesti tigar. Što birate?

S: (nema odgovora)

R: Vrijeme je isteklo i život je završio. Imate deset sekundi da proživite ostatak svojeg života, što birate? Biti vidovnjak ili ne? Niste izabrali, vaš je život završio. Imate deset sekundi da proživite ostatak svojeg života, što birate?

S: Biti.

R: Da, biti, izaberite nešto. Kako birate, tako stvarate svoj život, stoga birajte biti vidovnjak koji jeste, birajte biti onaj koji gleda u kristalnu kuglu, u inkrementima. Da sad morate gledati u svoju kuglu i gledate u nju i primite sliku u ovih deset sekundi, možete li odgovoriti što je to?

S: Da.

R: Točno, možete. Sad, taj život je završio, imate deset sekundi života, što ćete izabrati? Sliku i kuglu i pričanje ili bez izbora?

S: Sliku i kuglu.

R: Dobro, stoga birajte to, birajte baš svaki put. Svakih deset sekundi birajte iznova, birajte iznova, pokrenite se. Stvarajte svoj život u inkrementima od deset sekundi. Ako stvarate iz bilo čega drugačijeg od desetsekundnih intervala, stvarate iz očekivanja budućnosti koja nikada ne dolazi ili iz oslabljivanja prošlosti na temelju svog iskustva, s idejom da će to stvoriti nešto novo dok održavate isto gledište. Pitate li se zbog čega je vaš život još uvijek isti? Ne birate ništa novo, zar ne? Trenutak po trenutak birate „nemam dovoljno, fali mi posao."

Sad, preporučit ćemo da neke riječi uklonite iz svojega rječnika. Postoji pet riječi koje biste trebali ukloniti iz svojega rječnika. Prva: riječ *faliti*. *Faliti* ima 27 definicija koje znače „nedostatak". Tisućama je godina u engleskom jeziku riječ *faliti* značila „nedostatak" i u više ste života govorili engleski, a ne samo u ovom.

Koliko ste godina u ovom životu koristili riječ *faliti* misleći da stvarate žudnju? Uistinu, što ste stvorili? Nedostatak; stvorili ste nedostatak. Vi ste sjajan i slavan stvoritelj, čestitajte si.

S: (smijeh)

R: Druga: *potreba*. Što je potreba?

S: Nedostatak.

R: To je umanjivanje znanja da ne možete imati, ništa ne možete *imati* ako trebate. Potrebu uvijek prati pohlepa jer ćete pokušavati dobiti. Treća: i tako smo došli do *pokušati*. *Pokušati* znači nikad postići, *pokušati* znači ne birati, *pokušati* znači ne raditi ništa. Četvrta: onda imamo *zašto*. *Zašto* je uvijek skretanje koje vas vodi natrag na početak.

S: Ne vidim to.

R: Slušajte ponekad dvogodišnjaka i razumjet ćete.

S: (smijeh) Nikada ne dobivate odgovor.

R: Peta: *ali*. Kad god kažete „ali" pobijate svoju prvu izjavu: „Htio bih ići, ali si to ne mogu priuštiti." Dobro, nemojte biti potreba. S „ja trebam" govorite „ja nemam". S „fali mi" govorite „nedostaje mi". S „pokušavam" govorite „ne radim". Kad kažete „ja, ali" bolje da se potapšate po guzici, ha? Sljedeće pitanje.

TREĆE POGLAVLJE

Koje tri emocije imate kad razmišljate o novcu?

Rasputin: Dobro, tko se dobrovoljno javlja za sljedeće pitanje?

Sudionik: Treće pitanje?

R: Treće pitanje. Da. Koje je pitanje?

S: Koje tri emocije imate kad razmišljate o novcu?

R: Koje tri emocije, da. Koje tri emocije imate o novcu?

S: Hmm…

R: Tri emocije kad razmišljate o novcu.

S: Prva koja se pojavila nije mi se baš svidjela, no bila je strah.

R: Strah? Dobro. Koje pretpostavljeno gledište biste morali imati da imate strah o novcu?

S: Pa, ja to tumačim drugačije, hm, bojim se njegove odsutnosti, koja…

R: Da. Zato je tamo emocija, bojite se njegove odsutnosti jer je vaša osnovna pretpostavka…

S: Trebam ga.

R: Zapišite to.

S: I da poderem.

R: Zapišite i poderite.

S: Postavit ću vam grozno pitanje.

R: U redu.

S: Dobro. Odlazim u trgovinu, oni trebaju, fali im nešto zauzvrat za ono što ću im oduzeti. (smijeh)

R: Fali, fali, što znači faliti?

S: (smijeh)

R: Nedostaje im, da, *faliti* znači nedostatak. To je druga prljava riječ koju morate ukloniti. No, zbog čega odlazite u trgovinu?

S: Dobro, zbog hrane.

R: Dobro. Idete u trgovinu zbog hrane, zbog čega mislite da *trebate* jesti?

S: Šalite se. Pa, znam da *trebam*.

R: *Trebate*? Zapišite to ponovno.

S: *Fali mi*.

R: Zapišite i to isto bacite. *Potreba* i *nedostatak* nisu dopušteni.

S: Ali ogladnite.

R: Stvarno? Vucite energiju u svoje tijelo, svi vi, uvucite energiju. Da, osjećate li se gladno? Ne. Zašto ne jedete više energije, a manje hrane?

S: To bi bilo vrlo dobro na neko vrijeme jer bih izgubio na težini, no počelo bi boljeti. (smijeh)

R: Točno. Imate dovoljno energije, mogli biste biti ogromni balon.

S: A što je s mojim prijateljima koji dolaze, uključujući dvoje ljudi koji upravo sada spavaju u mojoj kući?

R: Pa tko vam je rekao da ih morate hraniti? Kako to da oni ne mogu doprinijeti vama?

S: Doprinose.

R: Strah vas je da nećete primati. Strah je da novac funkcionira samo u jednom smjeru, a to je dalje od vas. Kad god osjećate strah, vi stvarate *potrebu* i *pohlepu*.

S: Dobro.

S: *Potreba* se stvara zbog straha?

R: Da, strah donosi *potrebu* i *pohlepu*.

S: Stvarno?

R: Da.

S: Dragi Bože, u pravu ste. Mislim da sam sad shvatio nešto drugo što je osnovni sustav uvjerenja ili što stvarno nije bilo dobro.

R: Nije dobro primati.

S: Nije dobro imati previše.

R: Nije bilo dobro primati.

S: Točno. Ili primati od drugih.

R: Primati, točka.

S: Da.

R: Odasvud. Dobro. Što... ako ste u strahu, niste voljni primati jer mislite da ste rupa bez dna i ono gdje živite je duboka, tamna rupa. Strah je uvijek rupa u vama, mjesto bez dna. Strah od vas čini potrebu, pohlepu i u tom procesu postajete šupak. Dobro?

S: Dobro.

R: Sljedeća emocija.

S: Žudnja za više.

R: Žudnja, ah, da. Ah, da, sad, žudnja – što je to? Izađete van i mičete svojim bokovima kako biste dobili više?

S: (smijeh) Znam da to nije bilo baš najbolje.

R: Žudnja automatski znači „dobiti više." Primijetite, dobiti više, nedostatnost koja ide zajedno sa strahom.

S: Znate, ne samo dobiti više novca, već...

R: Dobiti više, točka. Novac nema ništa s realnošću koju proživljavate.

Novac je tema oko koje stvarate stvarnost ništavila, nedovoljnog, *nedostatka, potrebe, žudnje* i *pohlepe.* I ovo je isto za sve vas na ovoj razini. Otuda je ovaj svijet funkcionirao. Imate sjajan primjer u onome što zovete osamdesete i to je bila istina ovoga svijeta od vremena kad ste odlučili, svi ste odlučili, da je novac nužnost. Nužnost. Što je nužnost? Nešto bez čega ne možete biti i opstati. Vi ste kao bića preživjeli milijune života i uopće se ne možete sjetiti koliko ste novca imali, koliko ste novca potrošili ili kako ste to učinili. No još uvijek ste ovdje i još uvijek preživljavate. I svatko je od vas bio sposoban razumjeti više o tome.

Nemojte funkcionirati iz pretpostavke da je to nužnost, to nije nužnost, to je vaš dah, to je ono što jeste, vi ste novac u potpunosti. I kad se osjećate kao novac, a ne kao nužnost, ne kao nužnost, prostrani ste. A kad se osjećate kao nužnost u odnosu na novac, umanjujete se i zaustavljate protok energije i novca. I vaša treća emocija?

S: Sreća.

R: Ah! Sad, u kojem pogledu sreća? Sreća kada ga trošite, sreća kad se nalazi u vašem džepu, sreća kada znate da dolazi, sreća zbog toga što je novac? Možete li samo pogledati novčanicu od jednog dolara i imati sreću?

S: Ne.

R: Koji dio toga vam donosi sreću?

S: Znanje da se određene stvari mogu postići ili odraditi.

R: Dakle, novac kupuje sreću?

S: Pa, upotrijebio sam pogrešnu riječ, hm...

R: Kako sreća može doći od novca?

S: Ne dolazi nužno od njega.

R: Dakle, kako osjećate sreću u odnosu na novac? Kad imate dovoljno? Kad imate obilje? Kad osjećate sigurnost?

S: Da, sigurnost.

R: Sigurnost. Zanimljivo gledište.

S: No, ne postoji nešto kao sigurnost.

R: Pa postoji. Postoji sigurnost. Postoji sigurnost u znanju i imanju svjesnosti o sebi. To je jedina sigurnost koja postoji, jedina sigurnost koju možete jamčiti jest da ćete proći kroz ovaj život i ostaviti ovo tijelo i imat ćete priliku, ako žudite, vratiti se natrag i opet probati biti obilnije stvorenje na ovom svijetu. No sreća je unutar vas, imate sreću, vi ste sreća, ne dobivate ju od novca. Kako biste bili sretni, samo trebate biti sretni, to je sve. I sretni ste, osim kad izaberete biti tužni. Točno?

S: Da.

R: Ima li još netko emocija o kojima želi pričati?

S: Pa ja bih samo htio čuti malo više o strahu.

R: Da.

S: Zato što sam trošio ogromne količine energije na emociju straha.

R: Da.

S: I iza straha, ispod straha uvijek je ljutnja.

R: Da, točno tako. I na što ste uistinu ljuti. Na koga ste ljuti?

S: Na sebe.

R: Točno tako. I zbog čega ste ljuti?

S: Zbog osjećaja praznine.

R: Ne koristite svoju snagu.

S: Aha.

R: Niste u potpunosti svoji. Osjetite to?

S: Vrlo jako.

R: Osjetite u svojem tijelu gdje ste u strahu i gdje ste ljuti.

S: Da.

R: Sad to okrenite u drugom smjeru. Što sada osjećate?

S: Olakšanje.

R: Da i tako se rješavate straha i ljutnje kako biste otvorili prostor za sebe. Jer ako pogledate sebe, u svojem svemiru uopće nemate straha, zar ne?

S: Ne.

R: I jedinu ljutnju koju možete izraziti jest ona prema drugima jer vaša stvarna ljutnja je zbog vas i zbog onoga gdje ste odbili preuzeti istinu o ukupnosti svoje energije. Dakle, možete li biti snaga koja jeste, energija koja jeste? Otpustite ju, nemojte ju zadržavati unutra. Evo, tako. Oho, olakšanje, ha?

S: Da.

R: Sad, ovo morate vježbati, u redu?

S: Da.

46

R: Zato što ste se umanjivali kao i svi ostali u ovoj sobi, kontinuirano bilijunima godina kako ne biste bili svoji i svoja snaga. I to ste radili da zgnječite vlastitu ljutnju. Zanimljivo, ha? Ljutnju na sebe. I nema nikog ovdje tko nije ljut na sebe zbog toga što si nije dopustio da u potpunosti bude snaga koja jest. Pa ovo je raščistilo neke stvari. Dobro, želi li još netko pričati o emocijama?

S: Htio bih opet pričati o strahu iz svojega gledišta. Kad sam u strahu, to je ograničenje, zatvaram se.

R: I gdje to osjećate?

S: U svojem solarnom pleksusu.

R: Dobro. Izbacite to van, izbacite to van. Eto, tako. Kako to sad izgleda?

S: Uplakano.

R: Dobro. I što je ispod suza?

S: Ljutnja.

R: Ljutnja. Da, ta stvar koju ste tamo vezali u mali čvor. Jako ste dobro to sakrili, ha? To mislite. Dobro, ne puštate ljutnju van, ne puštate ju u potpunosti van. Osjetite ljutnju, neka vam priđe. Da, tamo, to je to. Sad primijetite razliku i širenje. Osjećate to?

S: Da, vrlo je dobro.

R: Da, vrlo je dobro. To je vaša istina, širite se kad ste izvan svojega tijela, bez ikakvog kapaciteta da budete povezani s ovim mjestom. Otpuštajući ljutnju, osjetite stvarnost potpune povezanosti sa sobom, ne kao s nekom vrstom duhovnog entiteta, već kao sa svojom istinom. Kada to činite u istini, obuzima vas staloženost i mir. Pustite to van u potpunosti. Tako, evo.

S: Shvatio sam.

R: Osjećate, to je povjerenje koje jeste, to je snaga. Ostatak se miče.

S: To je kao, čini se kao da dolazim u sebe.

R: Točno tako. To je kad ste potpuno povezani, potpuna svijest, potpuna svjesnost i kontrola. Kako iz ove pozicije osjetite kontrolu?

S: Čini se skroz drugačija od druge kontrole.

R: Da, druga pokušava kontrolirati vašu ljutnju, zar ne?

S: Pa, pretpostavljam.

R: Pa, u konačnici vi pokušavate kontrolirati svoju ljutnju jer istina je ta da si ne dopuštate sjati. Unutra postoji mir, staloženost i veličanstvenost. No vi ispod toga trpate ljutnju. Kako mislite da vaša ljutnja nije prikladna, umanjujete se.

Pokušavate ju kontrolirati i pokušavate kontrolirati sve oko sebe kao da ćete na taj način to sakriti od sebe. Ljuti ste sami na sebe. Budite u miru sa sobom. Evo, točno tamo. Osjećate li to?

S: Da.

R: Da, to je to. I to ste vi. Osjetite kako vam se energija širi.

S: O, to je tako drugačije.

R: Ekstremno. Da, to je to, dinamično svoji, to vi uistinu jeste. Dobro.

S: A to je crnina i mislim da to nekako mogu kontrolirati i ja...

R: U redu.

S: Također znam da u ovom trenu to donekle ne mogu kontrolirati.

R: Pa gdje osjećate tu crninu?

S: Mislim da ja odlazim u to, to ne ide k meni, nisam siguran.

R: Gdje to osjećate? Izvan sebe? Unutar sebe? Zatvorite svoje oči, osjetite crninu. Gdje ju osjećate?

S: Mislim da u donjem djelu trbuha i onda dopustim da me obuzme.

R: Dobro. Kako mislite da osjećate? To je u vašem umu...

S: U redu, radi.

R: ...da doživljavate crninu? I to je osjećaj da nema ničega osim crnine povezane s novcem. I ta crnina na neki način ima veze sa zlom i na taj način primanje apsolutno nije dozvoljeno. Evo, osjećate li tu promjenu? Okrenite to, da, tako. Pretvorite to u bijelo, tako, osjetite kako vam se otvara tjeme. Da, i sada to što zovete crnina može isteći van. A prisutno je ono što je vaša stvarnost. Primijetite razliku u svojoj energiji. Otpustili ste ideju, emociju zla kao stvarnost jer to nije stvarnost. To je samo zanimljivo gledište. Dobro? Neke druge emocije?

S: Mislim da je moja dominantna emocija o novcu podvojenost.

R: Podvojenost? Podvojenost, da. Što je podvojenost? Gdje ju osjećate?

S: Osjećam ju u svojem solarnom pleksusu i donjim čakrama.

R: Da. Podvojenost je neznanje o ovoj razini. Dojam da novac pripada nečemu što ne razumijete. Osjećate tu promjenu u svojim donjim čakrama?

S: Da.

R: To je rezultat povezivanja s činjenicom da ste svjesnost i kao svjesnost ste novac, kao svjesnost ste i snaga, a sve su čakre povezane s energijom koja vi jeste. Eto, postoji li još podvojenost za vas?

S: Ne.

R: Dobro. Dobro, neke druge emocije?

S: Ja imam jednu.

R: Da.

S: Osjećam odvratnost i sram.

R: Vrlo dobre emocije, odvratnost i sram. Gdje to osjećate?

S: Mislim da osjećam...

R: Mislite osjećaje?

S: Ne. U svojem želucu i plućima.

R: U vašem želucu i plućima. Dakle, vama je novac disanje i prehrana. Sram, izbacite ga van, maknite ga iz svojeg želuca. Da, osjetite to, osjećate li kako se sad otvara energija vaše želučane čakre?

S: Da.

R: Dobro. I koja je vaša druga emocija?

S: Odvratnost.

R: Odvratnost. U vašim plućima. Odvratnost znači da se morate ugušiti kako biste ga dobili. Morate se ugušiti da primite novac s vašeg gledišta. Je li to stvarnost?

S: Da.

R: Je li?

S: Ne, ne, ne.

R: Dobro.

S: Prepoznajem to kao...

R: Onako kako funkcionirate?

S: Da.

R: Dobro. Dakle, okrenite taj udah i izdahnite sve to. Dobro, sad udahnite novac. Dobro, sad izdahnite sram. I udahnite novac kroz svaku poru svojeg tijela i izdahnite odvratnost. Da, sad, kako vam se to čini, malo slobodnije?

S: Da.

R: Dobro. Želi li još netko pričati o emociji?

S: Strah.

R: Strah, koje još emocije?

S: Tjeskoba i olakšanje.

R: Novac vam daje olakšanje?

S: Da.

R: Kada?

S: Kada mi dolazi.

R: Hm, zanimljivo gledište. Tjeskoba i strah, krenimo prvo s njima jer su iste. Gdje osjećate strah i tjeskobu? U kojem dijelu svojeg tijela?

S: U svojem želucu.

R: Želudac. Dobro, gurnite to van iz svojeg želuca, jedan metar ispred sebe. Kako vam to izgleda?

S: Sluzavo i zeleno.

R: Sluzavo?

S: Da.

R: Da. Koji je razlog što je sluzavo i zeleno?

S: Zato što to ne mogu kontrolirati.

R: Ah, zanimljivo gledište, nema kontrole. Vidite da niste „ja sam kontrola", zar ne? Govorite si: „Ne mogu kontrolirati, nisam u kontroli." To je temeljna pretpostavka iz koje funkcionirate. „Ja nisam u kontroli, ja nisam kontrola." Pa, jeste li jako dobro stvorili strah i tjeskobu?

S: Da.

R: Dobro, sjajan ste i slavan stvoritelj, dobar posao! Čestitate li si na svojoj kreativnosti?

S: Sa sramom, da.

R: Ah, zanimljivo gledište. Zašto sa sramom?

S: Zato što nisam znao ništa bolje.

R: Da, no nije bitno jeste li znali bolje. Bitno je da sada razumijete da ste stvoritelj i da ste napravili veličanstven posao stvaranja, što znači da možete drugačije birati i da možete stvoriti drugačiji rezultat.

S: Potrebna je disciplina.

R: Disciplina? Ne.

S: I sreća.

R: Ne, snaga! Vi ste energija kao snaga: „Ja sam snaga, ja sam svjesnost, ja sam kreativnost, ja sam kontrola, ja sam novac." Dobro? Tako stvarate promjenu postajući „ja sam" koji jeste, umjesto „ja sam" koji ste bili. Počnite gledati gdje ste stvorili gledište čvrstoće oko novca i kako se to čini. Kad osjećate da to utječe na dio tijela, gurnite to van iz sebe i pitajte se: „Koje je gledište u podlozi iz kojega funkcioniram, a uopće ga ne vidim?" I dopustite si imati odgovor. A zatim si konačno dopustite da odgovor ipak bude samo zanimljivo gledište.

I što sada mogu izabrati? Biram „ja sam kreativnost, ja sam svjesnost, ja sam kontrola, ja sam snaga, ja sam novac". Ako stvarate „ja nisam", ako stvarate „ja ne mogu", nećete ni moći.

I čestitajte si zbog onoga što ste stvorili i učinite to sa sjajnim i veličanstvenim užitkom. Ništa nije krivo u onome što ste stvorili, osim svoje vlastite prosudbe o tome. Da ste beskućnica na ulici, bi li to bila bolja kreacija ili lošija kreacija od toga što trenutno imate?

S: Lošija.

R: Zanimljivo gledište.

S: Ne ako niste znali.

R: To je točno, ne ako niste znali. Sada znate da imate izbor, možete stvarati. Sad, što se događa ako vam prvi susjed kaže da ovaj tjedan nećete dobiti novac jer „uzimam sav tvoj novac zbog ograde koji si uništio”?

S: Zanimljivo gledište.

R: Točno, to je zanimljivo gledište. To je sve što jest. Ako postanete otpor ili reakcija na to, učvršćujete to i tad će vam susjed uzeti novac.

S: Dakle, govorite nam da kad netko dođe s negativnim…

R: S bilo kojim gledištem o novcu.

S: Dobro, to je zanimljivo gledište.

R: Da, osjetite svoju energiju kada to radite.

S: Dobro i da odmah idem u „ja sam…”?

R: Da.

S: Shvaćam. Svjetlo se pojavilo.

R: I kad osjetite da određeno gledište utječe na vaše tijelo, tjeskoba ili strah, o čemu se radi?

S: Moram to izvaditi van i gurnuti dalje od sebe.

R: Da. I kad u svojem želucu osjećate tjeskobu i strah, govorite li o tome da se ne hranite dovoljno?

S: Ne.

R: Govorite li o tome da vas se ne njeguje? Pa o čemu govorite? O tijelu pričate. Osjećate novac kao funkciju svojega tijela kao da je to stvarnost treće dimenzije. Je li novac stvarnost treće dimenzije?

S: Ne.

R: Ne, nije, no pokušavate ju učiniti. Pogledajte svoja gledišta o novcu, to je sigurnost, to je kuća, to su računi, to je hrana, to je sklonište, to je odjeća. Je li to istinito?

S: Pa, to se njime kupuje.

R: To se njime kupuje, no, to birate, zar ne?

S: Oh, nužnost.

R: To birate u tih deset sekundi. Nužnost, ha? Zanimljivo gledište. Birate li odjeću koju ćete nositi iz nužnosti?

S: Da.

R: Stvarno?

S: Da.

R: Ne birate ju jer je lijepa ili jer u njoj izgledate dobro?

S: Većinom je tu da me grije.

R: A što je ljeti kad nosite bikini?

S: Super i tad izgledam dobro. (smijeh)

R: Dobro, dakle birate ne nužnost, već ono što želite osjećati, da? Osjećati?

S: Da, ali trebate....

R: Ali! Izbacite tu riječ.

S: Joj. (smijeh) Morate imati cipele i još uvijek imate…

R: Zašto morate imati cipele, možete hodati bosonogi.

S: Možda mogu, no…

R: Naravno da možete.

S: Trebam ih, zima je vani.

R: Trebate, ha?

S: Donje rublje i čarape…

R: Trebate, ha?

S: Morate imati.

R: Tko to kaže? Kako znate da ne možete pričati sa svojim tijelom i zamoliti ga da vas ugrije?

S: Pa što je s…

R: Vi kao biće uopće ne trebate tijelo.

S: Pa, to bi bilo super.

R: To i je super.

Sudionici: (smijeh)

R: Da?

S: Pa, morate jesti, nositi cipele.

R: Mi ne nosimo išta. Gary nosi cipele zato što je mekušac, neće hodati po snijegu bez njih.

Sudionici: (smijeh)

R: On misli da je hladno.

S: Pa i jest.

R: Pa, to je zanimljivo gledište. Trebali biste isprobati Sibir ako želite hladnoću.

S: A vaša djeca, kad su gladna?

R: Koliko su puta vaša djeca bila gladna?

S: Nekoliko puta.

R: I koliko su dugo bili gladni?

S: Jednu noć.

R: I što ste učinili?

S: Dobio sam novac od svojeg oca.

R: Stvorili ste, zar ne?

S: Da.

R: Jeste li si čestitali na svojoj kreativnoj sposobnosti?

S: Pa, zahvalio sam svojem ocu.

R: Pa, to je jedan način stvaranja. Stvaranje, stvaralaštvo, znači biti svjesnost o sebi. Budite „ja sam kreavitnost, budite „ja sam svjesnost", budite „ja sam snaga", budite „ja sam kontrola", budite „ja sam novac". Opirete se; *„ali", „trebam", „zašto", „moraš", „nužno je"*, sve su to gledišta *„ja ne mogu imati"* i *„ja ne zaslužujem."* To su temeljna mjesta iz kojih funkcionirate. To su gledišta koja stvaraju vaš život. Želite li iz njih stvarati?

S: Pa, to mogu vidjeti u svakom pogledu, osim novca.

R: Da, osim novca jer novac vidite drugačijim. Kako vidite novac – kao korijen svog zla?

S: Da.

R: Čije je to gledište? Uistinu nije vaše vlastito, kupili ste ga. Vrag vas je na to natjerao, ha? Vidite, stvarnost je da ga vi stvarate drugačijim, kao da nije dio vaše kreativnosti.

S: Ako si govorim sve „ja sam…", to će staviti novac u moj džep?

R: Počet će dolaziti u vaš džep. Svaki put kad sumnjate, otkidate s temelja na kojem stvarate. Recimo to ovako, koliko puta ste rekli „fali mi novca"?

S: Svaki dan.

R: Svaki dan. Fali mi novca. Govorite „Nedostaje mi novca." Što ste stvorili?

S: Ali istinito je.

R: To je istinito? Ne, to je samo zanimljivo gledište. Stvorili ste točno to što ste rekli: fali mi novca. Sad, to ste nesvjesno učinili, no stvorili ste.

S: A što ako mi fali dobitak na lutriji?

R: Ako vam „nedostaje" dobitak na lutriji, to je točno ono što ćete stvoriti – nedostatak dobitka na lutriji.

S: Govorimo o snazi percepcije.

R: Snaga vaših riječi, vaše svjesnosti stvara stvarnost vašeg svijeta. Želite li jednostavnu vježbu? Recite „Meni ne fali novac."

S: Možemo li umjesto toga izabrati nešto drugo?

R: Recite „Meni ne fali novac."

S: Meni ne fali novac.

R: Recite „Meni ne fali novac."

S: Meni ne fali novac.

R: Recite „Meni ne fali novac."

S: Meni ne fali novac.

R: Recite „Meni ne fali novac."

S: Meni ne fali novac. To mi zvuči negativno.

R: Stvarno? „Ne nedostaje mi novac" je negativno?

S: Ali mi želimo novac.

R: Vama ne fali novac!

R: To je točno. Meni ne fali novca. Osjetite energiju toga, osjetite kako se osjećate dok izgovarate „Meni ne fali novac." *Faliti* znači nedostajati, stalno se pokušavate držati definicije. Ja sam novac. Ne možete biti „Ja imam novac", ne možete imati nešto što ne bivate. Vi već jeste kreativnost kao „fali mi novac" i tako ste stvorili obilje nedostatka, zar ne?

S: Da.

R: Dobro, možete li sad reći „meni ne fali novac"?

S: Meni ne fali novac. (ponavlja nekoliko puta)

R: Sad, osjetite svoju energiju, laganiji ste. Osjećate li to?

S: Da, vrti mi se.

R: Vrti vam se jer se ono što ste stvorili raspada iz strukture stvarnosti koju ste stvorili. Svi to imate; recite si i osjetite da ste laganiji i imate više smijeha u svojem životu kada kažete „Meni ne fali novac."

S: Možete li reći „Ja sam bogat "?

R: Ne!! Što je bogato?

S: Sreća.

R: Stvarno? Mislite li da je Donald Trump sretan?

S: Ne, ne novčano bogat.

S: Oh, kao da novac kontrolira to što moramo.

R: To je zanimljivo gledište, kako ste do toga došli?

S: Zato...

R: Kako ste došli do toga gledišta?

S: Dobio sam tu ideju misleći da...

R: Vidite, razmišljanje vas dovodi u nevolju. (smijeh) Osjećate li se zbog toga dobro?

S: Ne.

R: Ne, ne osjećate se dobro, to nije istinito. Ako kažete „ja sam bogat", osjećate li se dobro?

S: Osjećao bih se dobro.

R: O, zanimljivo gledište – osjećali bi se dobro? Kako znate, jeste li bili bogati?

S: Pa, imao sam novac kad sam...

R: Jeste li bili bogati?

S: Ne.

R: Ne. Možete li biti bogati?

S: Da.

R: Stvarno? Kako možete biti bogati kad samo možete reći „da sam"? Vidite, gledate u budućnost i u očekivanje od budućnosti i kako bi ona trebala biti, a ne ono što jest.

S: To je, to je kao da imate šefa koji vas plaća i vi morate raditi ono što on kaže i morate...

R: Imate li šefa koji vas plaća?

S: Trenutno ne, no...

R: To nije istinito, imate šeficu koja vas plaća, ne plaća vas dobro jer ne uzima nikakav novac za to što ona može raditi. To ste vi, draga! Vi ste svoja šefica. Stvarate svoje poslovanje, stvarate svoj život i omogućavate mu da vam dođe. Stavljate sebe u ormar i govorite „ne mogu, ne mogu, ne mogu". Tko stvara to gledište? Što se događa ako kažete „ja mogu i razumijem", umjesto „ja ne mogu i ne razumijem"? Što se događa s vašom energijom? Osjetite svoju energiju.

S: Zapela sam u mjestu gdje djeca ne mogu jesti bez novca.

R: Tko kaže da ćete biti bez novca? Vi ste to rekli, pretpostavili ste da nećete imati novac osim ako radite nešto što mrzite. Koliko često gledate na posao kao zabavu?

S: Nikad.

R: To je gledište; to je temeljno gledište. Pa ipak kažete, moj posao je rad s kristalnom kuglom. I nikad ne možete vidjeti da se zabavljate. Volite li to što radite?

S: Da.

R: Pa zašto si ne možete dopustiti primanje ako radite ono što volite?

S: Ne znam još dovoljno, trebam više informacija.

R: Ne trebate više informacija, na raspolaganju imate deset tisuća života kad ste bili čitačica kristalne kugle. Sad, što možete reći o učenju osim: o, sranje?

Sudionici: (smijeh)

R: Ulovio sam vas, ulovio sam vas, sad se nemate više kamo sakriti.

S: Dakle, čitala sam ono što sam vidjela u kugli i nije bilo točno i osjećala sam se kao šupak.

R: Da. (smijeh) Kako ste znali da nije bilo točno?

S: Pa...

R: Pa?

S: Ne znam.

R: Pa, hoće li se ponovno vratiti?

S: Ne znam.

R: I kad to učinite sljedećoj osobi i učinite to dobro, hoće li se ponovno vratiti?

S: Da, moram reći da hoće.

R: Pa kako možete reći da ne znate? Komu lažete?

S: Molim?

R: Komu lažete?

S: To je, to je...

R: Komu lažete? Kome lažete?

S: Kunem vam se, ne znam što vidim.

R: To nije istinito, to nije istinito. Zašto vam se klijenti vraćaju koji misle...

S: Shvatila sam.

R: Da, shvatili ste. Što vas tjera da mislite da ne shvaćate cijelo vrijeme? Koliko vam se klijenata ne vraća?

S: Nijedan.

R: Čovječe, ovo je težak slučaj, treba joj puno uvjeravanja, zar ne? Definitivno će se pobrinuti da nema novac, da nema obilje i blagostanje u svojem životu. Imate zanimljivu šeficu. Ne samo da sebi ne plaćate dobro, čak si ne potvrđujete da imate dovoljno poslova. Prema tome, kako bi znali da dobro radite, stvorili ste klijente koji vam se opet i iznova vraćaju. Znate li koliko je klijenata potrebno da u svom životu dobijete obilje?

S: Tjedno možda trideset više.

R: Dobro, možete li si dopustiti da u vaš prostor tjedno dođe trideset klijenata više?

S: Da, nema problema.

R: Nema problema?

S: Nema problema.

R: Jeste li sigurni?

S: Da, sigurna sam.

R: Dobro, možete li si dopustiti da imate stotinu tisuća dolara? Milijun dolara?

S: Da.

R: Deset milijuna dolara?

S: Da.

R: Dobro, malo ste se sad promijenili, puno vam hvala, svi smo zahvalni. Vi ste stvoriteljica, sjajna i slavna stvoriteljica. Čestitajte si svaki put kad završite čitanje koje volite. I radite s ljubavlju, nemojte biti rad, budite zabava. Zabavljate se s time što radite, nemate posao. Posao se čini usranim, zabava je zabava i to možete raditi zauvijek. Vi stvarate to što jest, nitko drugi. Možete točiti gorivo i zabavljati se, možete prati prozore i zabavljati se, možete čistiti zahode i zabavljati se. Platit će vam za to i imat ćete sjajno i slavno blagostanje. No, samo ako se s time zabavljate. Ako na to gledate kao na posao, već ste stvorili nešto što mrzite. Zato što ova razina znači: posao je tegoba, teškoća i bol. Zanimljivo gledište, ha?

S: Što ako ne znate što želite raditi?

R: Ali znate.

S: Znam, no nisam znala prije nego što sam do toga došla.

R: I kako ste došli do kugle? Dopustili ste si povezanost intuicije i vida, zamolili ste svemir da se poklopi s vašom vizijom i da vam pruži to za čime žudite. Stvorili ste svoju viziju, imali ste snagu svojeg bića, znanje kao svjesnost, sigurnost da će se to pojaviti i kontrolu s kojom ste svemiru dopustili da vam to pruži. Dakle, već imate četiri elementa kako biti „ja sam novac". Shvaćate?

ČETVRTO POGLAVLJE

Kako osjećate novac?

Rasputin: Dobro. Sljedeće pitanje, tko se želi dobrovoljno javiti za sljedeće pitanje?

Sudionik: Ja.

R: Da. Koje je sljedeće pitanje?

S: Kako osjećate novac?

R: Kako osjećate novac, da, to je točno.

S: To je drugačije od emocija koje osjećaš o novcu?

R: Pa, ne nužno.

S: Rekla sam „o, sjajno".

R: Pa kako osjećate novac?

S: Baš sad se osjećam vrlo zbunjeno.

R: Kao zbunjeno. Osjećate li da je novac, da je zbunjenost emocija?

S: Emocija i misao.

R: To je stanje uma, da.

S: Da.

R: Sjećate li se kad smo pričali o tome što je vrtoglavica?

S: Da.

R: Jeste li otvorili svoju krunsku čakru i dopustili da izađe van? Zbunjenost je stvorena slika novca. Koju biste pretpostavku morali imati da imate zbunjenost? Morali biste pretpostaviti da ne znate. Pretpostavka bi bila „ja ne znam i trebao bih znati."

S: Zato se osjećam zbunjeno.

R: Točno. Ne znam, trebao bih znati. To su suprotna gledišta koja stvaraju zbunjenost i to su samo zanimljiva gledišta. Osjetite tu promjenu kad to kažete o svakoj od njih? Trebao bih znati, ne znam. Zanimljivo je gledište da ne znam. Zanimljivo je gledište da bih trebao znati. Zanimljivo je gledište da ne znam. Zanimljivo je gledište da bih trebao znati. Kako sada osjećate zbunjenost?

S: Pa osim činjenice da ja...

R: Naravno.

S: Meni se sad čini vrlo nestvarna u smislu da su moje perspektive novac i energija, snaga i kreativnost u svojoj čistoći, pa je vrlo jasno kad se ne bavim s novcem i kada ga ne moram imati.

R: Iz koje pretpostavke funkcionirate?

S: Da postoji neka nerazumljiva stvarnost.

R: Točno tako.

S: To je stvarni problem.

R: To nije problem, to je pretpostavka po kojoj funkcionirate koja vam automatski govori da je to drugačije od vaše stvarnosti. Vaša pretpostavka je da fizička stvarnost nije ista kao duhovna stvarnost, kao stvarnost onoga tko vi uistinu jeste. Ta čistoća na ovoj razini ne postoji i tu čistoću na ovu razinu nikada ne možete dovesti.

S: To je točno.

R: To su pretpostavke, to su netočne informacije iz kojih ste stvorili svoju stvarnost.

S: Pa zbunjuje i to što izgleda da postoje druga bića koja imaju različite stvarnosti i izgleda da drugi ljudi nisu zbunjeni. Sami ljudi, gledišta drugih ljudi, ljudi u mojoj ulici, ljudi u trgovini.

R: I što je s tim o čemu govorite? Da postoje druge stvarnosti? Da drugi ljudi imaju različite stvarnosti? Da, postoje neke...

S: Iz drugačijega gledišta i da...

R: Da li itko ovdje ne poistovjećuje s ovime što je ona rekla? Svi imaju isto gledište kao i vi.

S: Hoćete li reći da su svi zbunjeni?

R: Da. Svi misle da se u fizičku stvarnost ne može donijeti ono što je duhovni svijet i svaki čovjek na ulici ima točno isto gledište. I samo oni koji ne prihvaćaju to gledište, koji ne pretpostavljaju da je to apsolutno nemoguće, sposobni su stvarati svoju stvarnost, čak i ako je to samo malo. Ako svoj život usmjerite na stvaranje novca i vaš je jedini cilj u životu biti Donald Trump, Bill Gates, nije bitno, ista slika. Ista osoba, drugačije tijelo, ista osoba. Njihov život je stvaranje novca, sve što rade je zbog novca. Zašto moraju stvarati toliko novca? Jer su poput vas sigurni da će sljedećeg tjedna ostati bez njega.

S: To im nije samo igra?

R: Ne, to im nije samo igra, oni funkcioniraju iz gledišta da nemaju dovoljno i da nikada neće imati dovoljno, bez obzira što činili. To je samo drugačiji standard, to je sve.

S: Govorite li da ovi ljudi ne osjećaju određenu slobodu zbog svojeg bogatstva?

R: Mislite li da Donald Trump ima slobodu?

S: Pa u neku ruku da.

R: Stvarno? Može se voziti u limuzini, daje li mu to slobodu ili to znači da mora imati tjelesne čuvare zbog zaštite od svih ostalih oko njega koji mu pokušavaju uzeti novac? Daje li mu slobodu to što ima 27 ljudi koji mu svakodnevno pokušavaju uzeti novac?

S: Daje iluziju slobode.

R: Ne. Daje vam iluziju da je to sloboda. Vi samo mislite da je to sloboda jer vi to nemate. Nije ništa slobodniji od vas, samo ima više novca za trošenje na stvari koje ne treba. Mislite li da ga posjedovanje novca čini većom dušom?

S: Ne, sigurno ne.

R: Čini li ga manjom dušom?

S: Ne.

R: O, vi ljudi imate zanimljivo gledište. (smijeh) Svi ste to mislili, samo niste imali petlje da to kažete: „Pa, ima više novca i to ga čini lošijim."

S: Da, u pravu ste.

R: Da, to ste mislili, niste to rekli, no to ste mislili.

S: Pa tako neki ljudi kontroliraju sve oko njega.

R: Stvarno? Da, on kontrolira, on kontrolira sunce, mjesec, zvijezde, on ima potpuno kontrolu ovih stvari.

S: No ljudi koji kontroliraju nisu…

R: O, ljudi koji kontroliraju, to je vaš standard veličine.

S: To nije moj standard, ne, ne, ne. To nije moj standard. Govorimo o Gatesu i njegovoj stečevini i Trumpu i njegovoj stečevini kako bi odredili njegovu kontrolu.

R: Je li on u kontroli, istina?

S: Ne. Ja…

R: Ili ga kontrolira njegova potreba za novcem? Njegov je život potpuno uokviren nužnošću stvaranja više i više i više i više novca. Jer je to jedini način na koji se on osjeća prikladnim.

S: No isto mislim da on, energija koju daje da upije…

R: Dobro, imate još jednu riječ koju ćete osobno staviti u svoj popis riječi za uklanjanje.

S: Koju?

R: Ali.

S: Ali?

R: Ali. Svaki put kad vam netko nešto kaže, izađe vam 'guzica' (smijeh) (op. prev. u engleskom jeziku *but* može značiti *ali* i *guzica*)

S: To je istinito za...

R: To je mnogima od vas istinito, većini vas, kada dobijete neku informaciju, istoga trena počnete stvarati suprotno gledište jer se ne podudara i ne slaže s vama. Ne podudara se ili ne slaže zato što se opirete i ne dopuštate da to bude ili zato što na to reagirate. Konačno, samo je zanimljivo gledište da ovoga čovjeka pokreće novac.

S: To sam htio reći, no ja...

R: Ne, imate drugačije gledište, to je sve samo zanimljivo gledište.

S: Da, učim to.

R: Nema vrijednost. Svaki puta kad stvorite razmatranje o novcu, sebi stvorite ograničenje. Sebi! I svaki puta kad nekome kažete svoje gledište, njemu stvorite ograničenje. Želite li stvarati slobodu? Onda budite sloboda. Sloboda uopće nije razmatranje!!

Kako bi svijet izgledao kad biste manifestirali svo svjetlo s lakoćom i radošću i slavljem bez ikakvog razmatranja o ograničenju? Da imate neograničenu misao i neograničenu sposobnost i neograničeno dopuštanje, bi li postojali grafiti, bi li postojali beskućnici, bi li postojao rat, bi li postojalo uništenje, bi li postojale mećave?

S: Pa koja je razlika, ne bi li postojale vremenske prilike?

R: Da nemate razmatranja o mećavama, postojale bi vremenske prilike, no snježne oluje ne bi trebale postojati. Slušajte svoju televiziju kad dođe vrijeme da kod vas početi padati snijeg, da, oni manifestiraju, počnu pričati o tome koliko će velika oluja biti. Oluja iz '96. godine, druga oluja iz '96. godine bit će ovdje velika i slavna mećava, bit će uništenja i bolje vam je da odete u trgovinu i odmah kupite više. Koliko vas prihvaća to gledište i iz toga počinje stvarati svoj život?

S: Ne ono vezano uz kupovinu, mogao bih provesti popodne u parku.

R: Prihvatili ste gledište, o tome pričamo. Odmah ste odlučili da je istinito. Ne slušajte što vam televizija govori, riješite se toga. Ili gledajte samo one programe koji su potpuno bez pameti. (smijeh) Gledajte „Scooby Dooa." (smijeh) Gledajte crtiće, u njima je više zanimljivih gledišta. Ako slušate vijesti, bit ćete vrlo deprimirani i imat ćete više ideja o tome što je novac.

U redu, pa gdje smo stali? Dobro, vratimo se tu. Zbunjenost, razumijete li sada zbunjenost?

S: Ne.

R: U redu. Što biste još ovdje htjeli razumjeti? Vi stvarate zbunjenost.

S: Tko sam ja? Jesam li ja tijelo? Jeste li vi ovdje? Je li netko drugi ovdje? Postoji li stvarnost? Postoji li kakva razlika? Što je do vraga postojanje? Jeste li vi ili je sve čista energija i nema odvajanja između duha i duše i svijesti, to je to, je li, je li, je li? Nema se što reći ni o čemu, pa sva patnje i sva žalost i sva iluzija i sva odvojenost i sva zbunjenost, pa što je to? Što?

R: Kreacija.

S: U redu.

R: Vi ste stvorili...

S: Dakle, mi na ovoj razini stvaramo nešto što ljudi, što je kreacija, i ego, što je kreacija, smatraju da postoji nešto što se zove novac i lokacija, što je kreacija i što znači da ako smo na Wall Streetu ili gradimo američku povijest 1996. u New Yorku, tada se slažemo da vi i ovi drugi ljudi zajedno postojimo. Ne razumijem ovo.

R: Zašto ne razumijete?

S: Svi ostali su vi i vi ste svi ostali.

S: To je nešto... što ne razumijem.

R: Sebe stvarate kao odvojenog, sebe stvarate kao drugačijeg, sebe stvarate kao oslabljenog i sebe stvarate kao ljutnju.

S: Tako sam frustriran.

R: Da, no ispod toga je zapravo ljutnja.

S: O, da.

R: Osjećate se bespomoćno, pa je to osnovna pretpostavka po kojoj funkcionirate i to je uvijek osnovna pretpostavka zbunjenosti. Svaka se zbunjenost temelji na ideji da nemate snage i nemate sposobnosti.

S: Ali nemam.

R: Imate.

S: Osjećam da nemam.

R: Pogledajte svoj život, pogledajte svoj život, što ste stvorili. Jeste li započeli s veličanstvenim iznosom novca? Jeste li započeli s palačom i izgubili sve? Ili ste stvarali i stvarali i zbunili se oko toga, počeli sumnjati u to, počeli se osjećati nemoćni da radite ili znate kako to kontrolirati, a onda se to počelo raspadati jer ste stvarali zbunjenost i stvarali ste sumnju u sebe?

Da, tamo je otišao vaš život, no ništa od toga nije vaša istina. Vi kao biće imate potpunu snagu za stvaranje svojeg života i možete i hoćete i počet će se slagati zajedno na veličanstvenije načine nego što ih možete zamisliti. No doći će s vašom vjerom, što vrijedi za sve vas. Vjera u sebe, vjera u znanje da ste stvorili stvarnost koja sada postoji i svjesnost o tome da ste to voljni promijeniti. Da to više ne žudite biti. To je sve što je potrebno, voljnost da dopustite da to bude drugačije.

S: Život se mijenja, znači li to da zbunjena svijest stvara više Bosni i beskućnika?

Kud ide ta svijest, gdje ti tamni entiteti koje sam možda stvorio ili neki drugi dio mene koji je bio toliko odvojen od gledišta na televiziji koju gledam ili beskućnik, kuda to ide ako kažem: „Pa to nije moja stvarnost, ne vjerujem u to, više to ne biram."

R: Nije bitno, vidite da to radite iz otpora.

S: Točno.

R: Točno? Kako bi se promjena pojavila morate biti u dopuštanju, ne u otporu, ne u reakciji, ne u priklanjanju ili slaganju. Dopuštanje je…

S: Voljan sam to dopustiti, samo želim shvatiti gdje…

R: Funkcionirate u otporu jer pokušavate razumjeti iz nečega što stvarno ne postoji. Ti drugi ljudi po svojoj slobodnoj volji i izboru također stvaraju iz nečega što ne postoji, nastavak prihvaćanja, priklanjanja ili slaganja, reakcije ili otpora.

To su funkcionalni elementi vašeg svijeta; vi morate djelovati iz dopuštanja kako biste to promijenili. I svaki put kad ste u dopuštanju mijenjate sve ove oko sebe. Svaki put kad vam netko priđe s jakim gledištem možete reći „A, zanimljivo gledište" i dopuštajući to, promijenili ste svijest svijeta jer to niste prihvatili, niste dodatno učvrstili, niste se s time složili, niste se tome opirali, niste na to reagirali, niste to učinili stvarnim. Omogućili ste stvarnosti da se pomakne i promijeni. Samo dopuštanje stvara promjenu. Morate dopuštati sebe toliko koliko dopuštate druge, inače ste kupili trgovinu i plaćate ju sa svojim kreditnim karticama.

S: Postaje li to potpuno mirotvorstvo za svijet?

R: Apsolutno ne. Učinimo ovo, svi na trenutak razmislite o ovome. No, ti S, budi ovdje pokusni kunić, može? Dobro. Imate još deset sekundi da proživite ostatak svojeg života, što ćete izabrati? Život vam je gotov, niste izabrali. Imate deset sekundi da proživite ostatak svojeg života, što birate?

S: Izabrao sam ne birati.

R: Birate ne birati, no, vidite, možete izabrati bilo što. Ako počnete shvaćati da imate samo deset sekundi za stvaranje, deset sekundi je sve što je potrebno za stvaranje stvarnosti. Deset sekundi, zapravo manje od toga, no za sad, to je inkrement iz kojega morate funkcionirati. Ako funkcionirate iz deset sekundi, biste li izabrali radost ili tugu?

S: Morao bih uzeti tugu.

R: Točno tako. Vidite, stvorili ste svoju stvarnost birajući tugu. I kad birate iz prošlosti ili birate iz očekivanja budućnosti, uopće niste izabrali, niste živjeli i ne živite svoj život, postojite kao spomeničko, monolitno ograničenje. Zanimljivo gledište, ha?

S: Da.

R: Dobro, koji je vaš sljedeći odgovor? Drugi na vašem popisu onoga što vi... Koje je bilo pitanje, zaboravili smo.

S: Kako osjećate novac?

R: Kako osjećate novac, da, hvala.

S: Za mene je to, pretpostavljam, na ovoj razini, borba u zatvoru...

R: A da. Vrlo zanimljivo gledište, ha? Novac osjećate kao borbu u zatvoru. Pa to sigurno opisuje svakoga u ovoj prostoriji. Da li netko ne vidi ovo kao stvarnost onoga što je stvorio?

S: Borbu u zatvoru?

R: Da.

S: Ja ne vidim.

R: Ne vidite to?

S: Malo. Zapravo ne razumijem što to znači.

R: Ne borite li se stalno kako biste dobili novac?

S: O, dobro.

R: I ne osjećate to kao zatvor i da nemate dovoljno?

S: Odustajem. (smijeh)

R: Dobro.

S: Izgleda da smo svi u sličnoj stvarnosti.

R: Svi vi živite u istoj stvarnosti. Moramo li ovo uopće komentirati?

S: Da. Što je sa S, s njegovim sustavom razmjene?

R: Pa, nije li to samo po sebi mali zatvor?

S: Ne znam baš, kako ti se to čini S?

S: Da, to je to.

R: Da, jest. Vidite, svatko ima svoje vlastito gledište. Gledate u S i njegovu stvarnost vidite kao slobodu, no on Donalda Trumpa vidi kao slobodu. (smijeh)

S: Dobro, govorite li da moramo pričati o tome, kako ovo na neki način ide s tim?

R: Dopuštanje. Zanimljivo gledište, ha? Osjećam se zarobljeno s novcem, osjećam to kao zatvor. Čini li vam se to kao baršun? Osjećate li to kao širenje? Ne. Čini se kao smanjivanje. Je li to stvarnost ili ono što ste izabrali i kako ste izabrali stvarati svoj život? To je način na koji ste izabrali stvarati svoj život. Nije stvarnije od zidova. No odlučili ste da su oni čvrsti i da vas čuvaju od hladnoće. I tako oni funkcioniraju. Dakle, činite li svoja ograničenja o novcu s istom vrstom čvrstine? Počnite funkcionirati u dopuštanju, to je vaša karta za izlazak iz zamke koju ste stvorili. Dobro? Sljedeće pitanje.

PETO POGLAVLJE

Kako vam izgleda novac?

Rasputin: Dobro, sljedeće pitanje, kako vam izgleda novac?

S: Zeleno i zlatno i srebrno.

R: Dakle ima boju, ima usklađenost, ima čvrstinu. Je li to istina?

S: Ne.

R: Ne, novac je samo energija i to je sve. Oblik koji poprima u fizičkom svemiru učinili ste značajnim i učvrstili ga, te oko njega stvarate čvrstinu svog vlastitog svijeta koje stvara nesposobnost imanja. Ako vidite samo zlatnu ili srebrnu, tada je bolje da imate puno lanaca oko svojega vrata. Ako je zelen, ako nosite zelenu odjeću, imate li novac?

S: Ne.

R: Ne. Dakle, novac morate vidjeti, ne kao oblik, već kao svjesnost o energiji jer je to lakoća iz koje možete stvarati obilje novca u potpunosti.

S: Kako vidite energiju?

R: Kao što ste ju osjetili kad ste ju vukli u svaku poru svojega tijela; tako vidite energiju. Vidite energiju s osjećajem svjesnosti. Dobro?

S: Da.

R: Sljedeće pitanje.

ŠESTO POGLAVLJE

Kakvoga vam je novac okusa?

Rasputin: Sada sljedeće pitanje. Koje je sljedeće pitanje?

Sudionik: Kakvoga je okusa?

R: Dobro. Tko želi na ovo odgovoriti? Ovo bi trebalo biti zabavno.

S: Novac ima okus kao bogata, tamna čokolada.

R: Hm, zanimljivo gledište, ha? (smijeh)

S: Papir, tinta i prljavština.

R: Papir, tinta i prljavština, zanimljivog gledište.

S: Prljavi povez preko očiju.

S: Moji okusni pupoljci u ustima počinju sliniti.

R: Da.

S: Slatko i vodenasto.

S: Skliska nečistoća i mramorni umivaonici i drva breskve.

R: Dobro. U redu. Dakle, jako vam je zanimljivog okusa, ha? Primijetite da je novac zanimljivijeg okusa, nego što ga osjećate. Ima više varijacija. Što mislite zašto je tako? Jer ste to stvorili kao svoju tjelesnu funkciju. Za S, novac je prehrana, jedenje čokolade, da. Da, vidite, svi imaju gledište o tome kakvog je novac okusa. Sklizak je, zanimljivo, lagano vam prolazi po jeziku, hm? Spušta li se dolje lagano?

S: Ne.

R: Zanimljivo gledište. Zašto se ne spušta lagano?

S: Zalijepi se.

R: Zanimljivo gledište: tvrdo, debelo, hrskavo. Imate stvarno zanimljiva gledišta o novcu.

S: No sve je to isto gledište.

R: Sve je to isto gledište jer je o tijelu.

S: Čak i ako se čini drugačije, ona...

R: Čak i ako se čini drugačije.

S: ...rekla je čokolada, ja sam rekao gorko, no, to je isto.

R: To je isto, radi se o tijelu; ima veze s vašim tijelom.

S: Okus ima.

R: Stvarno?

S: Da.

R: Ne možete imati okus izvan tijela?

S: Ne na engleskom sendviču.

R: No, stvar je u tome da funkciju novca vidite kao tjelesnu funkciju. Vidite to kao stvarnost treće dimenzije, a ne kao stvarnost kreacije. Vidite to kao nešto, kao čvrsto i stvarno i zamašno, nešto što ima okus i oblik i strukturu. Stoga s njim ide i određena vrsta stava. No, ako je on energija, to je svjetlina i lakoća. Ako je tijelo, teško je i značajno, a teško i značajno je tamo gdje ste to stvorili, zar ne?

S: Da.

R: Nisu li sva vaša gledišta odatle došla?

S: Pa kad ste pitali o okusu opet smo otišli u pretpostavke.

R: Pretpostavke. Odmah ste pretpostavili da je to tijelo, da tamo živite i tako funkcionirate. Znate da je sklisko, prljavo, svakakvo, puno bakterija. Kakvo zanimljivo gledište o novcu.

S: Ponekad je toplo i hladno.

R: Toplo i hladno? Je li stvarno tako?

S: Ima još, iza njega stoji faktor povjerenja kojega se držite, zlatni standard kao...

R: To je gledište, razmatranje koje ste prihvatili. Je li to stvarnost? Više nije!! (smijeh) Postoji li nešto iza novca? Uzmite novčanicu, što vidite iza nje?

S: Zrak.

R: Ništa, zrak! Puno zraka, to je sve što je iza njega. (smijeh)

S: Puno vrućega zraka.

R: Puno vrućega zraka, točno tako. (smijeh) I kada slušate ljude kako govore o novcu, stvaraju li ga kao vrući zrak, govore li o njemu kao vrućem zraku? Da, no kako to stvaraju? To je vrlo značajno i teško i golemo, zar ne? Pritišće vas kao tona cigli. Je li to stvarnost? Želite li to tako stvarati za sebe? Dobro. Počnite to gledati, osjetite to. Osjetite, svaki put kad čujete razmatranje o novcu. Ovo je vaša domaća zadaća između ostalog. Svaki put kad osjetite energiju nekog razmatranja, ideje, uvjerenja, odluke ili stava o novcu, osjetite u svojem tijelu gdje vas pogađa. Osjetite tu težinu, pa ju preokrenite u lakoću. Okrenite u lakoću, to je samo zanimljivo gledište.

To je samo zanimljivo gledište; to je sve što jest, nije stvarnost. Vrlo ćete brzo početi vidjeti kako vam se stvarao život, priljeve novca u njemu iz vaše vlastite volje, sudjelovanje u prihvaćanju tuđih gledišta. Gdje ste vi u toj postavi? Otišli ste, umanjili ste se, dopustili ste si da nestanete i postali ste sluga, rob tomu što zovete novac. Nije istinitije od zraka koji udišete. Nije značajnije od disanja. I nije značajnije od gledanja cvijeća. Cvijeće vam donosi radost. Točno? Gledate cvijeće i ono vam donosi radost.

Kada gledate novac, što dobivate? Depresivni ste, nemam onoliko koliko sam želio. Nikada niste zahvalni na novcu kojeg imate, zar ne?

S: Ne.

R: Primite stotinu dolara i kažete: „O, ovo će platiti račun, k vragu, želim imati više." (smijeh) Umjesto da kažete: „Oho, jesam li manifestirao nešto dobro ili ne?" Ne slavite ono što stvarate, kažete: „Opa, opet nisam zaradio dovoljno." Što to govori? Kako se to manifestira u vašem životu? Ako pogledate novčanicu, ako pronađete novčanicu na podu, pokupite ju, stavite u svoj džep i mislite: „O, danas sam sretan." Mislite li: „Čovječe, nisam li sjajno manifestirao, nisam li sjajno stvorio neke priljeve novca za sebe?" Ne, jer to nije bilo deset tisuća dolara koliko mislite da vam treba. Opet ta riječ *potreba*.

S: Kakvog je novac okusa?

R: Kakvog je okusa?

S: Prljavog.

R: Prljavog? Nije čudno što nemate novac. (smijeh)

S: Slatkog.

R: Slatkog. Vi imate više novca.

S: Dobrog.

R: Dobrog, dobrog je okusa, i vi ćete dobiti malo novca u svoju čarapu.

S: Kao voda.

R: Kao voda, ide prilično brzo poput vode, ha? (smijeh) Točno kroz mjehur. Koja još gledišta? Nema ih, nitko drugi nema nekih gledišta o novcu?

S: Gadljivo.

R: Gadljivo. Kad ste zadnji put okusili novac?

S: Kao dijete.

R: Točno jer su vam kao malom djetetu rekli da je prljav i da ga ne stavljate u usta. Zato što ste prihvatili gledište da je novac gadljiv. Prihvatili ste gledište da nije dobrota, da nije energija, već nešto što se mora izbjegavati. Zato što je prljav i nisu vam ga pružali kao dobrotu. I to ste prihvatili kao vrlo mladi i zauvijek ste zadržali to gledište. Možete li sada drugačije birati?

S: Da.

R: Dobro. Dopustite si imati stvarnost da je to samo zanimljivo gledište. Kakvog je god novac okusa. Nema čvrstoće, to je energija i vi ste isto energija. Dobro? Jeste li stvorili svoj svijet oko gledišta o novcu kojega imate? Prljav je, gadljiv, imate li ograničene iznose novca jer ne želite biti prljava osoba? Ponekad je zabavnije biti prljav, tako je bilo u mojem životu. (smijeh)

SEDMO POGLAVLJE

Kad vidite da novac dolazi prema vama, iz kojega smjera osjećate da dolazi?

Rasputin: Dobro. Sada sljedeće pitanje. Koje je sljedeće pitanje?

Sudionik: Iz kojega smjera vidite da dolazi novac?

R: Dobro. Iz kojega smjera vidite da dolazi novac?

S: Sprijeda.

R: Sprijeda. Uvijek je u budućnosti, ha? Imate ćete ga nekad u budućnosti, bit ćete vrlo bogati. Svi to znamo.

S: No, ponekad ga vidim da dolazi niotkuda.

R: Niotkuda je bolje mjesto, no, niotkuda, gdje je niotkuda? Bolje bi bilo da dolazi odasvud.

S: Kako bi bilo odasvud osim odozgo?

R: Pa, zašto ga ograničavate?

S: Znam, nikad o tome nisam razmišljao.

R: Nikada nisam razmišljao da je u redu da kiša dođe kao...

S: Ne, vidio sam kišu, no, nisam mislio da će doći iz zemlje. Vlastito drvo novca.

R: Da, dajte novcu da za vas raste posvuda. Novac može doći odasvud, novac je uvijek tu. Sad, osjetite energiju u ovoj prostoriji. Počinjete stvarati kao novac. Osjećate li razliku u svojim energijama?

Sudionici: Da.

R: Da, odakle ga vidite da dolazi?

S: Od mojeg muža.

Sudionici: (smijeh)

R: Od vašeg muža, ostali, odakle?

S: Karijera.

R: Karijera, težak rad. O kojim gledištima ovdje pričate? Ako ga tražite od neke druge osobe, gdje se ta osoba nalazi? Ispred vas, pokraj vas, iza vas?

S: Iza mene.

R: Ako je to vaš bivši muž.

S: Jest.

R: Da, gledate u prošlost kako biste od njega dobili svoj život. Odatle stvarate?

S: Ne, no mislim...

R: Da, u redu. Lažete. Kao prvo, uzmite sve što je u ovoj prostoriji i povlačite energiju iz ove prostorije, ispred sebe, kroz sve pore svojega tijela, povlačite unutra kroz svaku poru svojega tijela. Dobro, a sada povlačite sa stražnje strane, kroz svaku poru svojega tijela. Dobro. A sada povlačite sa svojih strana, kroz svaku poru svojega tijela. I sad povucite ispod sebe, kroz svaku poru svojega tijela. Sad povlačite iznad sebe, kroz svaku poru svojega tijela. I sad imate energiju koja dolazi odasvud, a novac je samo drugi oblik energije, pa okrenite to sad u novac koji dolazi kroz svaku vašu poru iz svih smjerova.

Primijetite da je većina vas to još više učvrstila. Učinite to laganim, učinite to opet energijom koju primate. I sada to pretvorite u novac. Dobro, to je bolje, tako postajete novac, ulijevate ga kroz svaku poru svojega tijela. Nemojte ga gledati da dolazi od drugih ljudi, ne gledajte ga da dolazi iz drugoga prostora, ne gledajte ga da dolazi od rada; dopustite mu da se ulijeva. A sada prekinite tok iz svakog dijela svojega tijela. I sada želimo da izlijevate energiju ispred sebe što više možete. Izlijevajte, izlijevajte, izlijevajte. Smanjuje li vam se energija? Ne, ne smanjuje se. Osjetite iza sebe kako energija ulazi dok je ispred izlijevate.

Nema kraja energiji, ona nastavlja teći; kao i novac. Sad povucite energiju u svaku poru svojeg tijela iz svakog mjesta. Dobro, točno tamo. I sad primijetite da dok ju povlačite odasvud, ona ide i posvuda van, nije nepokretna. Sad, preokrenite to u novac i počet ćete vidjeti da novac leti uokolo, svuda oko vas. Da, ide unutra i van i okolo i kroz. Nastavlja se kretati, to je energija – poput vas. To ste vi, vi ste to. Eto, tako.

Dobro, sad prekinite tok. Sad izlijevajte novac, stotine dolara nekome drugome u ovoj prostoriji ispred sebe. Izlijevajte ogromne iznose novca, vidite kako dobiva ogromne iznose novca, izlijevajte, izlijevajte, izlijevajte, izlijevajte. Primijetite da još uvijek povlačite energiju iza, i ako dopustite, iza će doći onoliko energije koliko izlijevate ispred i to još radite kao novac. Daje li vam to ideju? Kad mislite da nemate dovoljno novca za plaćanje računa i teško izlijevate novac, to je zato što ste se iza zatvorili i niste ga voljni primiti. Novac se ulijeva isto kao što se izlijeva i kada ga blokirate svojim gledištem da ga sutra neće biti dovoljno, u sebi ste stvorili nesposobnost.

Vi nemate nesposobnosti osim onih koje ste osobno stvorili. U redu, jeste li svi ovo shvatili? Sljedeće pitanje.

OSMO POGLAVLJE

U odnosu s novcem, osjećate da imate više ili manje nego što trebate?

Rasputin: Dobro. Sljedeće pitanje.

Sudionik: U odnosu s novcem, kako se osjećam, imam li više nego što trebam ili manje nego što trebam?"

R: Da. U odnosu s novcem, osjećate li da imate više nego što trebate ili manje nego što trebate?

S: Manje.

S: Moram reći manje.

S: Svi su rekli manje.

R: Da, to je dano, ha? Nitko od vas ne misli da ga ima dovoljno. I zato što ga uvijek gledate kao <u>potrebu</u>, što ćete uvijek stvarati? Potrebu, nedovoljno.

S: No, kako da sutra platim račune?

R: Da, vidite, uvijek gledate na to kako ćete sutra platiti račun, točno tako, puno vam hvala. Uvijek se radi o tome kako ćete to sutra platiti. Imate li dovoljno danas? Da!

S: Dobro sam?

R: „Dobro sam", tko to kaže? Zanimljivo gledište imate da ste dobro. Ja sam sjajan, slavan i vi sad stvarate više.

Moj novac je čudesan, volim ovoliko novca, mogu imati onoliko koliko žudim. Dopustite mu da dođe. Budite zahvalni na činjenici da ga imate danas, nemojte brinuti za sutra, sutra je novi dan, manifestirate nove stvari. Dolaze vam prilike, točno?

A sad mantra: „Sve mi u životu dolazi s lakoćom, radošću i slavljem."

(sudionici ponavljaju mantru nekoliko puta) Dobro, osjetite sada tu energiju, nije li ista kao „ja sam snaga, ja sam svjesnost, ja sam kontrola, ja sam kreativnost, ja sam novac "?

S: I ljubav?

R: I ljubav. No, vi ste uvijek ljubav, uvijek ste bili ljubav i uvijek ćete biti ljubav, to je dano.

S: Zašto?

R: Zašto je dano? Kako mislite da ste se uopće stvorili? Iz ljubavi. Na ovo mjesto došli ste s ljubavlju. Jedina osoba kojoj ne dajete ljubav s lakoćom ste vi. Budite ta ljubav prema sebi i vi ste novac i vi ste radost i vi ste lakoća.

DEVETO POGLAVLJE

U odnosu s novcem, kada zatvorite oči, koje je boje i koliko ima dimenzija?

Rasputin: U odnosu s novcem, kada zatvorite oči, koje je boje? I koliko ima dimenzija? Itko...

Sudionik: Tri dimenzije.

R: Plava i tri dimenzija, ha.

S: Multidimenzionalan?

S: Zelena i dvije.

S: Zelena i tri.

R: Zanimljivo da za većinu vas ima samo dvije dimenzije. Neki od vas su rekli multidimenzionalan. Neki tri.

S: Imao sam široki otvoreni prostor.

R: Široki otvoreni prostor je malčice bolje. Široki otvoreni prostor je ono gdje bi novac trebao biti, osjetite energiju toga. Onda novac može doći odasvud, zar ne? I svuda je. Kad vidite novac kao široki otvoreni prostor, tamo nema oskudice? Nema njegovog umanjivanja, nema oblik, nema strukturu, nema značaj.

S: I nema boju?

R: I nema boju. Jer, dobro, gledate američke dolare, a što je sa zlatom? Je li zeleno i ima tri strane? Ne. A što je sa srebrom? Pa na neki način se ponekad prelijeva, no, ni to nije dovoljno. Je li tekuće? Imate tekuće boje?

S: Ne.

R: A što je s muškarcem u trgovini? Na koji način biste htjeli s njim pričati? Idete u trgovinu kupovati? Koja pretpostavka...

S: Skupo je.

R: Da, to su široki otvoreni prostori, no, vi, mi pričamo o tome da si dopustite da vam što više novca dolazi kako o njemu nikada više ne biste razmišljali. Nikada ne razmišljajte o novcu. Kada idete u trgovinu gledate li cijenu svakog predmeta kojega kupujete i zbrajate kako biste vidjeli koliko košta i imate li dovoljno novca za trošenje?

S: Ponekad me strah otvoriti izvode svoje kreditne kartice.

R: Točno. Nemojte otvarati te izvode kreditne kartice ako ne želite znati koliko novaca dugujete. (smijeh) Zato što znate da nemate dovoljno novca da ih platite. Automatski ste to pretpostavili.

S: Samo mi fali to gledati.

R: Fali vam?

S: Gledati to.

R: Zapišite to, zapišite to.

S: Fali, fali, fali.

R: Fali, fali. Zapišite to i poderite. Nema više *faliti,* nema više *trebati,* nije dopušteno. U redu?

DESETO POGLAVLJE

U odnosu s novcem, što je lakše, priljev ili odljev?

Rasputin: Dobro. Sada sljedeće pitanje.

Sudionik: U odnosu s novcem, što je lakše, priljev ili odljev?

R: Je li jedna osoba ovdje rekla da je priljev lakši?

S: Ako je, onda laže. (smijeh) Ja znam da nisam.

R: Točno, uzimajući u obzir činjenicu da ne gledate dugove na svojoj kreditnoj kartici, to definitivno nije bila istina.

S: Nisam siguran što točno.

R: Nisam siguran, zanimljivo gledište, ha? Dobro. Za sve vas, ideja da se novac izlijeva najčešće je najznačajnije gledište kojega se držite. Tako je lako potrošiti novac, tako je teško raditi, moram naporno raditi da zaradim svoj novac. Zanimljivo gledište, ha? Sad, tko stvara ta gledišta? Vi!!

Osjetite novac, osjetite energiju koja dolazi u vaše tijelo. Dobro, dolazi odasvud, osjetite kako dolazi. Dobro, sad izlijevajte energiju ispred sebe, osjetite kako dolazi iza i dopustite joj da bude jednaka. Sad, osjetite stotine dolara koji odlaze ispred vas i stotine dolara koji ulaze iza vas. Dobro. Osjetite tisuće dolara koji odlaze ispred vas i tisuće dolara koji dolaze iza vas. Primijetite kako se u ovome većina vas malo učvrstila. Razvedrite se, to je samo novac, nije značajan i ne morate ga čak ni vaditi iz svojega džepa u ovom trenutku. Sad, neka se milijuni dolara izlijevaju ispred vas i milijuni dolara utječu iza. Primijetite da je lakše izlijevati milijune dolara, nego tisuće dolara. Zato što ste stvorili značaj o tome koliko novaca možete imati i kad dođete do milijuna, više nema značaja.

S: Zašto?

R: Zato što mislite da nećete imati milijun, pa to nije bitno. (smijeh)

S: Pa teško mi je bilo pustiti da novac dolazi iza, možda mislim da hoću.

R: Možda, no, definitivno ste više voljni izlijevati svoj novac nego što ste voljni dopustiti priljev. To je još jedno zanimljivo gledište, ha? Sad, energija prema van jednaka je energiji koja ulazi? Da, na neki način. No, nema ograničenja energije i nema ograničenja novca, osim onih koje vi sami stvorite.

Vi ste glavni u svojem životu, vi ga stvarate i stvarate ga svojim izborima i svojim nesvjesnim mislima, svojim pretpostavljenim gledištima koja vam se suprotstavljaju. I to činite misleći da nemate snagu, da nemate snagu i da ne možete biti energija koje jeste.

JEDANAESTO POGLAVLJE

Koja su vaša tri najgora problema s novcem?

Rasputin: Sad, koje je sljedeće pitanje?

Sudionik: Koja su vaša tri najgora problema s novcem?

R: O, ovo je dobro. Tko se za ovo dobrovoljno javlja?

S: Ja.

R: Dobro, ovdje, da.

S: Jako se bojim da nemam nikakav novac.

R: Ah da, pričali smo o strahu, dobro? Moramo li još o tome pričati? Je li sada svima to prilično jasno? Dobro, sljedeće.

S: Želim kupiti mnoge stvari.

R: Ah, zanimljivo gledište, kupiti mnoge stvari. Što dobivate s kupnjom mnogih stvari? (smijeh) Puno rada, puno brige, svoj život popunjavate s mnogim stvarima. Koliko se lagano osjećate?

S: Opterećeno i zatim to često prosljeđujem dalje, susjedima, na rođendanima...

R: Da. Koja je vrijednost kupovanja mnogih stvari?

S: To mi je u krvi.

R: Pa zašto je to jedno od vaših razmatranja?

S: Jer me to muči.

R: Muči vas to što kupujete?

S: Da.

R: Dobro. I kako prijeći preko žudnje za kupovinom? Tako da budete snaga, da budete svjesnost, da budete kontrola i da budete kreativnost. I kako dolazite do osjećaja da trebate kupovati, kupujete zato što pretpostavljate da nemate dovoljno energije. Dovedite energiju u sebe. Ako želite prekinuti naviku kupovanja, dajte novac beskućniku na ulici ili ga pošaljite humanitarnoj organizaciji ili ga dajte prijatelju. Jer odlučili ste da vam dolazi previše novca. I tako je vaše gledište da se morate pobrinuti izjednačiti tok. Vidite kako to radite?

S: Da. Da, ja zapravo imam preveliki priljev.

R: Da. Može li biti previše priljeva u odnosu na izljev? Ne, to je stvorena stvarnost. I kako tamo postojite i pretpostavljate da niste duhovni, niste povezani sa svojom božjom silom ako ga imate previše. Nije bitno, ono što je uistinu bitno su vaši izbori o tome kako stvarate svoj život.

Ako stvarate kao energija, ako stvarate kao snaga, ako stvarate kao svjesnost i stvarate kao kontrola, imat ćete radost u svojem životu, a to i jest ono što pokušavate postići. Lakoća i radost i slavlje, za time žudite, tome težite i tamo idete. I to ćete svi postići ako pratite upute koje smo vam večeras dali. Dobro. Sad, jesmo li prošli sva pitanja?

S: Samo, ista stvar, ako imam novac i osjećam se da kad netko drugi nema, ja bih mu ga morao dati. Tako da nemam previše, niti se zbog toga brinem.

R: Što ako bi mu dali energiju?

S: Da mu dam energiju umjesto novca?

R: Da, isto je.

S: Znači kada tip prosi u podzemnoj, vi samo… (smijeh)

R: Pa, vi ste upravo…

S: Oni traže dolar i vi samo…

R: Niste li večeras udisali energiju?

S: Da.

R: Niste li pojeli svoju porciju energije? Koja je svrha prehrane? Dobiti energiju. Koja je svrha novca? Imati energiju. Koja je svrha disanja? Imati energiju. Uopće nema razlike.

S: Pa svakako se čini različito.

R: Samo zato što ste odlučili i to stvorili različitim. Pretpostavka je da je to različito.

S: Točno.

R: I kad to pretpostavite, počinjete stvarati iz te pozicije koja stvara nedostatak novca i nedostatak energije.

S: No, ne čini mi se baš točnim jer se čini da dio toga što pretpostavljam je to da sam ljudsko biće, da…

R: To je loša pretpostavka.

S: Pa, živim u ljudskoj zajednici s kreacijama kao što su kruh, voda, vrijeme, vlada…

R: Vi sebe stvarate kao tijelo.

S: Stvaram sebe kao S u 1996. u New Yorku, da.

R: Stvarate sebe kao tijelo. Želite li uistinu tamo biti? Jeste li sretni tamo?

S: Pa...

R: Ne!

S: Kad sam bio izvan tijela, bilo je drugih mjesta koja su se činila puno gora i izgedalo je dobro zaustaviti se ovdje i vidjeti kako bih mogao riješiti taj problem. U međuvremenu je bilo prilično loše...

R: Dobro. No, vi s vlastitim gledištem stvarate stvarnosti gdje god bili.

S: Ne čini mi se tako, čini mi se da drugi stvaraju sa mnom ili za mene, na meni. Ne mislim da bih to u potpunosti mogao reći, ne mislim tako, možda, no ne mislim tako.

R: Ne kontrolirate to što mi govorimo?

S: To što vi kažete. Mislim, vi i ja smo na neki način povezani...

R: Da.

S: ...i svi su, no... i... paradoks je taj da ste vi vi i ne dovodim to u pitanje, vi ste duhovno biće.

R: I vi isto.

S: I vi ste S (drugi sudionik) i vi ste S (drugi sudionik) i mi zajedno dijelimo neku stvarnost, mi smo u New Yorku u 1996., zar ne? No, nekako sam ovdje s vama, ne mislim da sam ja vi.

R: To je točno, o tome smo pričali, ne mislite. Svaki put kad mislite...

S: Imam problem.

R: Imate problem.

S: Shvatili ste. (smijeh)

R: Odbacite to, svoj mozak, to je beskoristan komad smeća.

S: I da samo skočim s krova.

R: Skočite s krova i počnite ploviti kao biće koje jeste. Vi, kad odbacite svoj mozak i zaustavite proces mišljenja, svaka misao ima električnu komponentu koja stvara vašu stvarnost. Svaki put kad mislite „ja sam ovo", „ja sam tijelo", točno to postajete. Vi niste S, vi ste prikaz S u ovom vremenu, no vi ste bili milijuni ostalih života i milijuni drugih identiteta. I dalje ste sve to, upravo sada. Vaša svijest, najveći dio nje iz vašega gledišta, točno je tu, baš sada. Ni to nije stvarnost.

Kad prekinete vezu s mišlju da se vaša stvarnost stvara u ovom trenutku s vašom potpunom sviješću i počnete gledati gdje ste dobili druge ideje, druga gledišta i tuđa ponašanja, uvjerenja, odluke i ideje, počet ćete se povezivati s tim drugim dimenzijama koje vam mogu dati veću stvarnost na ovoj razini od bilo čega što upravo sada pokušavate stvoriti svojim misaonim procesom. I tamo uistinu žudite ići. Mišljenje staje na put življenju jer nije kreativni proces, to je zamka. Sljedeće pitanje.

DVANAESTO POGLAVLJE

Čega imate više, novca ili dugova?

Rasputin: Sljedeće pitanje.

Sudionik: Čega imate više, novca ili dugova?

R: Čega imate više?

S: Dugova.

S: Dugova.

R: Dugova, dugova, dugova, dugova. Zanimljivo, svi imaju dugove, zašto? Zašto imate dugove? Osjetite riječ *dug*.

S: O, teška je.

S: Da.

R: Osjeća se kao tona cigli. Dat ćemo vam mali naputak kako to olakšati. Jer na vama sjedi s takvom težinom da prihvaćate gledište da je to kod vas najznačajnija stvar, zar ne? Zato što je teško, zato što je značajno, zato što je čvrsto – dodajete tome, dodajete tome jer ste prihvatili ideju da je u redu ući u dug, prihvatili ste ideju da netko treba biti dužan i prihvatili ste ideju da ionako ne možete imati dovoljno novca, ako to ne radite. Je li to stvarno?

S: Aha.

R: Zanimljivo gledište. Je li stvarno?

S: Da, to sam prije mislio.

R: Dobro, i dalje to mislite?

S: Ne.

R: Dobro. U redu, kako se riješiti svojih računa i svojih dugova? Otplaćujući prošle izdatke. Možete li učvrstiti prošle izdatke? Osjetite to, čini li se kao dug?

S: Nemam prosudbe o tome.

R: Nema prosudbe, točno. No i dalje se značajno prosuđujete zbog svojeg duga, zar ne? I kad se prosuđujete, tko vas udara?

S: Sam sebe.

R: Točno. Zašto ste ljuti na sebe zbog stvaranja duga? Pa trebali biste biti. Vi ste sjajni i slavni stvoritelj duga, vi ste stvoritelj, stvorili ste veličanstveni dug, zar ne?

S: O, da.

R: Vrlo veličanstven dug, čovječe, kako sam dobar u stvaranju duga! Dobro, vidite slavnog stvoritelja koji vi jeste kao dug. Budite slavni stvoritelj koji jeste plaćajući svoje prošle izdatke. Osjetite olakšanje u prošlim izdacima, tako stvarate pomak u svojoj svijesti. Olakšavanje je alat, kad ste lagani, kad ste lagani kao novac, stvarate pomak i promjenu u svojoj svijesti i u svima oko sebe. I stvarate dinamičnu energiju koja počinje pomicati potpunost područja u kojem živite, te mjesto i način na koji primate novac, kako vam on dolazi i kako vam sve u životu funkcionira. No znajte da ste vi sjajan i slavan stvoritelj i da je sve što ste u prošlosti stvorili točno ono što ste rekli da je bilo, a ono što stvarate u budućnosti bit će točno ono što sa svojim izborima stvorite. Dobro, sljedeće pitanje.

TRINAESTO POGLAVLJE

U odnosu s novcem, kako bi imali obilje novca u svojem životu, koje bi tri stvari riješile vašu trenutnu financijsku situaciju?

Rasputin: Dobro, imamo još dva pitanja. Da?

Sudionik: Još jedno pitanje.

R: Još jedno pitanje. Koje je ovdje zadnje pitanje?

S: U odnosu s novcem, kako bi imali obilje novca u svojem životu, koje bi tri stvari riješile vašu trenutnu financijsku situaciju?

R: Dobro. Tko se za ovo dobrovoljno javlja?

S: Ja.

R: U redu.

S: Da radim ono što volim i da to radim najbolje.

R: Da radim ono što volim i da to radim najbolje?

S: Da.

R: Zbog čega mislite da ne možete raditi ono što volite i radite najbolje? I koja je ovdje osnovna pretpostavka?

S: Da mi za to nedostaje novca.

R: Pa, što najviše volite raditi?

S: Volim vrtlarstvo i iscjeljivanje.

R: Vrtlarstvo i iscjeljivanje? I radite li to?

S: Ponekad.

R: Zbog čega mislite da ne dobivate ono za čime žudite?

S: Hm…

R: Zato što trošite osam sati dnevno radeći nešto što mrzite?

S: Točno.

R: Tko je stvorio tu stvarnost?

S: No, pa…

R: Nema potrebe za vrtlarima u ovom gradu? Kako to da niste postali vrtlar ako volite vrtlarstvo?

S: Jer sam u procesu da to ostvarim, no, ja…

R: Koja je osnovna pretpostavka ispod toga po kojoj funkcionirate? Vrijeme.

S: Vrijeme, da.

R: Da, vrijeme.

S: Nije bilo vremena za stvaranje.

R: Da. Nije bilo vremena za stvaranje. O čemu smo na početku pričali? Kreativnost, stvaranje vizije. Snaga, kad jeste "ja sam snaga", dajete energiju onom za čime žudite, svjesnost o znanju da ćete to imati. Gdje neprestano potkopavate svoje znanje da ćete imati ono za čime žudite? To radite svakoga dana kad odlazite na posao i govorite „to još nisam dobio".

S: To je točno.

R: Što stvarate iz toga gledišta? Još uvijek to nemate i sutra isto nećete imati jer još imate gledište da to niste dobili. Preuzeli ste kontrolu i odlučili ste da mora postojati određeni put kojim je nužno proći kako biste tamo došli. Ako na tom putu morate dobiti otkaz, ne znate, zar ne? No, ako odlučite da je jedini način da to napravite zadržiti ovaj posao koji mrzite jer će vam dati slobodu da dođete tamo kamo želite ići, ocrtali ste put, način na koji tamo morate doći, što obilnom svemiru ne dopušta da vam osigura taj put. Sad ćemo vam dati drugu kratku izjavu koju ćete zapisati i staviti na neko mjesto gdje ćete ju svaki dan vidjeti. Evo je: **Ja dopuštam obilnom svemiru da mi pruži mnoštvo prilika koje su sve dizajnirane da obuhvate i podrže moj rast, moju svjesnost i moj radosni izražaj života.** Ovo je vaš cilj, tamo idete.

R: Dobro. S, koji je vaš sljedeći odgovor?

S: Ne biti dužan kako bih mogao pratiti sebe i biti slobodan.

R: Ne biti dužan. Koja je osnovna pretpostavka ispod toga? Da nikada neću izaći iz duga i da sam dužan. I što si svakoga dana govorite? „Dužan sam, dužan sam, dužan sam, dužan sam, dužan sam, dužan sam, dužan sam." Koliko vas je dužno?

S: Vjerojatno smo svi.

R: I koliko vas to kaže s velikim obiljem i ustrajnošću? (smijeh)

S: Ja ne.

S: Ustrajnost. (smijeh)

R: Dobro, nemojte odatle stvarati. Stvarajte iz „ja sam novac". Nemojte brinuti o onom što zovete dugom, otplatite to pomalo. Vi to odmah želite otplatiti; uzmite 10% od svega što vam dolazi i usmjerite to na svoje dugove. I uopće ih nemojte zvati dugovima. Slušajte zvukove *dugova*. Zvuči stvarno dobro, da? Nazovite to prošlim izdacima. (smijeh)

S: Ja hoću!

S: To je sjajno, to je stvarno sjajno.

R: Teško je reći „ja sam prošli izdaci", zar ne? (smijeh) Teško je reći „ja sam u prošlim izdacima". No „ja otplaćujem prošle izdatke" je lako. Vidite li kako ćete izaći iz duga? Također ovdje ne smijemo zanemariti aspekt slobode. Gledište u podlozi je da nemate slobode, što znači da nemate snage, što znači da nemate izbora. Je li to stvarno istinito?

S: Ne.

R: Ne. Izabrali ste svoje iskustvo, svako iskustvo u svojem životu, svako iskustvo vašeg života je bilo o čemu? O stvaranju veće i veće svjesnosti unutar sebe. Sve ono što ste u prošlosti izabrali bilo je samo zato da probudite sebe u stvarnost i svoju istinu ili večeras ne biste ovdje bili. U redu?

S: Možete li to ponoviti?

R: Ništa što ste u prošlosti učinili ili izabrali nije bilo ni zbog čega drugoga osim da probudite sebe i svoju istinu ili večeras ne biste ovdje bili. Je li to u redu, rekli smo riječ po riječ? (smijeh) Dobro. Dakle, vaše sljedeće gledište?

S: Živjeti jednostavnijim životom.

R: Kakvo je to sranje. (smijeh)

S: Znam. (smijeh) Znao sam to čak i dok sam pisao. (smijeh)

R: Nitko od vas ne žudi za jednostavnijim životom, jednostavniji život je vrlo lak – umrete! Tad imate jednostavan život. (smijeh) Smrt je jednostavna; život, život je obilje doživljaja. Život je obilje svega; život je obilje radosti, obilje lakoće, obilje slavlja, to je stvarnost i vaša istina. Vi ste neograničena energija, vi ste potpuno sve od čega je ovaj svijet načinjen i svaki put kad <u>birate</u> biti novac, biti svjesnost, biti kontrola, biti snaga, biti kreativnost, mijenjate ovu fizičku razinu u mjesto u kojem ljudi uistinu mogu živjeti s apsolutnom svjesnošću, apsolutnom radošću i apsolutnim obiljem. Vaši izbori ne utječu samo na vas, već i na svako drugo biće na ovoj razini. Zato što ste vi oni i oni su vi. I olakšavanjem vlastitih razmatranja koja ne prosljeđujete dalje i s njima ne blokirate druge, stvarate laganiji planet, budniju i svjesniju civilizaciju. I to za čime žudite, to što ste željeli, to mjesto mira i radosti će se ostvariti. No vi ste stvoritelji toga, znajte to, budite u radosti i održavajte to.

Sad ćemo još jednom ponoviti vaše alate, kad osjetite da vam dolazi energija misli o novcu i osjetite kako misli naviru, okrenite ih i otjerajte ih van sve dok ponovno ne osjetite prostor sebe. I tada ćete znati da one nisu vi i da ste vi stvorili tu stvarnost.

Zapamtite da vi stvarate viziju onoga što ćete imati povezujući snagu i energiju toga. I sa svjesnošću da je to stvarnost koja već postoji jer ste vi to osmislili. Ne morate kontrolirati kako će to tamo doći, vi jeste kontrola i to će se pojaviti onoliko brzo koliko vam obilni svemir to može pružiti. I hoće, nemojte prosuđivati.

Svakoga dana budite zahvalni za svaku stvar koju manifestirate, budite zahvalni kada primite dolar, budite zahvalni kada primite pet stotina dolara, budite zahvalni kada primite pet tisuća dolara, a ono što zovete svojim dugovima su prošli izdaci, a ne dug. U životu ne dugujete ništa jer nema prošlosti, nema budućnosti, postoji samo ovih deset sekundi u kojima stvarate svoj život. Ispred sebe stavite mantru: „Sve mi u životu dolazi s lakoćom, radošću i slavljem." Recite „ja sam snaga, ja sam svjesnost, ja sam kontrola, ja sam kreativnost, ja sam novac" deset puta ujutro i deset puta navečer. Stavite to negdje gdje možete vidjeti i dijelite s drugima: „Ja dopuštam obilnom svemiru da mi pruži mnoštvo prilika koje su sve dizajnirane da obuhvate i podrže moj rast, moju svjesnost i moj radosni izražaj života." I budite to jer je to vaša istina.

I to je dosta za večeras. Budite novac u svakom pogledu života. Ostavljamo vas u ljubavi. Laku noć.

ACCESS CONSCIOUSNESS®

Sve nam u životu dolazi s lakoćom, radošću i slavljem!™

www.accessconsciousness.com

www.ingramcontent.com/pod-product-compliance
Lightning Source LLC
Chambersburg PA
CBHW081511200326
41518CB00015B/2457